La Familia Mafiosa Decavalcante

La historia completa de una organización criminal de Nueva Jersey

Mafia Library

Índice de contenidos

Introducción

A medida que avanzas por la autopista *New Jersey Turnpike*, el paisaje arenoso del estado de los jardines se despliega ante ti. Los pasos elevados y puentes pintados de verde pasan como una mancha de hormigón y acero. Pasas junto a fábricas y almacenes cerrados, con sus ventanas rotas mirándote como ojos vacíos. Justo delante, puedes ver los *Meadowlands*, una vasta extensión de tierras pantanosas que se extiende hasta el horizonte.

Mientras el inconfundible perfume de esta parte del área metropolitana de Nueva York flota en el aire, tus fosas nasales se ven afectadas por la niebla de queso podrido que emana de las plantas de eliminación de residuos y las instalaciones de procesamiento de grasas y la mezcla sulfúrica de contaminación que se filtra por todos los rincones de las zonas industriales de Elizabeth y Newark.

Al tiempo que la "fragancia característica" de Nueva Jersey se suspende en un penacho gris verdoso sobre ti, miras hacia el horizonte y ves que se extiende por todo el puente Goethals y se adentra en Staten Island, donde persiste sobre Arthur Kill, uniéndose a las malolientes expulsiones que se dirigen hacia el norte desde el vertedero Fresh Kills.

Conduciendo a través de los *Meadowlands* en tu Cadillac DeVille de 1982, equipado con tapicería de cuero y neumáticos de banda blanca con cubiertas y tacos de platino, sabes que hay todo tipo de secretos enterrados en esos turbios pantanos - secretos que escandalizarían a cualquier persona normal. Pero tú no eres una persona normal. Eres un hombre hecho y derecho de la familia DeCavalcante, la familia criminal más antigua que opera en este lado del río, un soldado que opera en el oscuro submundo de la sociedad, donde la violencia, el dinero y el poder están por encima de todo.

Te sales de la autopista y tomas una estrecha calle lateral, el sonido de tus neumáticos resuena en los edificios en ruinas. Este es el corazón de la vieja escuela italoamericana de Nueva Jersey, un lugar donde las pizzerías y chacinerías de tus socios conviven con pequeños negocios familiares como charcuterías, panaderías y tiendas de todo a cien. Cuando pasas en el Cadillac, lanzas una mirada cómplice y saludas con la cabeza a tu tío, o como dicen los paisanos, Zio Ciccio, el viejo que todavía hace su propio vino en el sótano y sigue sentándose en la entrada, con una taza de espresso en la mano, todas las mañanas.

Recuerdas cómo era crecer en esas calles. Este era tu barrio, donde creciste, donde devoraste un plato tras otro de lasaña de mamá, donde tomaste tu primera comunión; este es el lugar donde robaste tu primera cartera, hiciste tu primera colecta y aprendiste a pelear; es el lugar donde aprendiste los trucos de "lo nuestro". Pero no todo es juego y diversión. Se trata de trabajar duro para proteger los intereses de la familia. Eso significa cobrar deudas, resolver disputas y ocuparse de cualquier problema que pueda surgir. Es un trabajo duro, pero es la única vida que has conocido.

Mientras te acercas a tu destino, no puedes evitar preguntarte qué te deparará el futuro. ¿Serás capaz de ascender en la jerarquía o te quedarás atrapado para siempre en una vida de encargos de bajo nivel como éste? Sólo el tiempo lo dirá. A medida que te acercas al local del club privado de póquer, el olor a cigarrillo y sudor inunda el aire. Puedes escuchar el tintineo de las fichas chocando y el murmullo de las voces en el interior.

Respiras hondo y empujas la puerta, mientras tu mano se dirige instintivamente hacia la pistola que llevas oculta en el cinturón. La sala se queda en silencio mientras te abres paso entre la multitud, con los ojos fijos en el hombre al que has venido a ver. Es un estafador de poca monta con fama de acumular deudas, pero sabes que no debes subestimarlo. Tiene contactos en toda la ciudad y no puedes permitirte una enemistad con él.

Te acercas a la mesa con una fría confianza, cada paso medido y calculado. "Vengo a cobrar", dices, con voz baja y firme. El hombre te mira con desprecio, con los ojos sombríos por haber bebido demasiado whisky. "No puedes estar hablando en serio", escupe, golpeando la mesa con los puños. "Sabes que no tengo tanto dinero efectivo a mano".

Sientes cómo aumenta la tensión en la sala y sabes que tienes que actuar rápido. Sacas tu pistola y golpeas la mesa con ella, haciendo volar las fichas y las cartas con el sonido metálico resonando en el silencio. Mientras apuntas con calma directamente a su insolente y grueso cráneo, murmuras: "Tienes hasta la cuenta de diez para venir con el dinero". Bajas el tono de voz. "O las cosas se pondrán feas".

Los ojos del hombre se abren de miedo de par en par y empieza a pedir clemencia. Pero tú ya has oído esto antes y sabes que ahora no hay marcha atrás. Empiezas a contar, los segundos pasan como horas. Justo cuando llegas a nueve, el hombre extiende su brazo en señal de rendición, con un fajo de billetes que, convenientemente, "no tenía" antes, ahora apretado entre las yemas de sus dedos.

Lo tomas y te lo metes en el bolsillo, misión cumplida. Mientras sales de la sala de póquer, la adrenalina sigue corriendo por tus venas. Sabes que ésta es sólo una pequeña pieza del rompecabezas, que siempre hay más deudas por cobrar y más rivales que eliminar. Pero este mundo de violencia, dinero y poder, no lo cambiarías por nada. Eres un soldado de la familia DeCavalcante, y éste no es más que otro día en la vida de un tipo hecho y derecho.

Mientras vuelves a tu coche, piensas y no puedes evitar preguntarte, *¡Marrón! ¿Cómo he acabado haciendo esta mierda?* Para averiguarlo, tendremos que remontarnos al principio, a las raíces del crimen organizado en Nueva Jersey, y cómo la familia que llegaría a ser conocida como DeCavalcante dio sus primeros pasos.

CAPÍTULO 1:
Historia familiar

El barrio de Peterstown, en Elizabeth, Nueva Jersey, es una zona bastante discreta, con sus calles salpicadas de edificios de apartamentos bien cuidados y modestas viviendas unifamiliares y plurifamiliares: un tranquilo enclave de inmigrantes, donde cada década llega una nueva oleada de habitantes que sustituye a la anterior, ya que sus modestos empleos de clase obrera y su enfoque de vida frugal orientado a la comunidad, permiten a los residentes enviar a sus hijos a la universidad y mudarse de este bullicioso barrio urbano a suburbios más prósperos.

Aunque la mezcla actual en Peterstown está compuesta principalmente por latinos, hubo un tiempo en que este barrio albergaba una vibrante comunidad italoamericana, cuyos vestigios aún pueden apreciarse en las calles que todavía conservan la evidencia de aquella época.

En el 408 de Palmer Street se encuentra el *Ribera Social Club*, un salón de eventos con columnas blancas y fachada de ladrillo que está abierto al público para todo tipo de celebraciones, desde bodas hasta baby showers y fiestas de quinceañeras. Aunque esta modesta estructura parece un club social o una organización fraternal cualquiera, como es habitual en comunidades urbanas como Elizabeth, resulta que alberga a la organización criminal más conocida de todo el estado.

Con profundos vínculos con la provincia de Agrigento, en Sicilia, que siguen vigentes hoy en día, el *Ribera Club* sigue reclutando activamente a miembros de Italia para que vengan a realizar "trabajos", entre los que se incluyen el chantaje, el tráfico de drogas, las apuestas ilegales, la usura, el blanqueo de dinero, la extorsión, el asesinato, las infracciones en la construcción y en los sitios de trabajo, el fraude y la estafa (Garrett T., 2009).

Aunque el número de reclutas extranjeros que vienen directamente del viejo continente ha disminuido considerablemente en los últimos años, la familia DeCavalcante perdura, reclutando activamente a tipos de Nueva York, Nueva Jersey y Filadelfia, además de algunos de Sicilia. La familia DeCavalcante, que mantiene conexiones activas con otras organizaciones, entre las que destacan las Cinco Familias de Nueva York y la familia criminal Bruno-Scarfo de Filadelfia, existe desde principios del siglo XX y no sólo es reconocida como una de las familias mafiosas más antiguas de todo el país, sino que también tiene el honor de ser la única familia de La Cosa Nostra (LCN) "nacida y criada" en Nueva Jersey.

Si bien las poderosas familias neoyorquinas siempre han tenido influencia en lo que ocurría al otro lado del río Hudson, la familia DeCavalcante ha mantenido el control en su propio territorio a lo largo de su historia. Sus homólogos neoyorquinos, más sofisticados, a menudo se refieren a ellos como "granjeros", de forma despectiva, no obstante los DeCavalcante son todo menos eso: sus filas están repletas de obreros modernos y miembros de la clase media con aspiraciones, y no del tipo de campesinos de los bosques a los que alude su nombre. Se cree que este término se originó únicamente por el hecho de que la familia DeCavalcante actuó como "equipo de granja" durante muchos años, dando a los chicos algo de experiencia antes de llegar a las "grandes ligas" de las familias más grandes y poderosas de Nueva York. También existe la posibilidad de que este nombre ligeramente despectivo derive de la historia de Nueva Jersey en la producción agrícola: Hoy en día, el Estado Jardín sigue siendo un importante productor de tomates y otros cultivos.

A pesar de recibir a veces comentarios condescendientes, y de ser considerados en general menos poderosos y sofisticados que las familias de Nueva York, el menor tamaño de la familia DeCavalcante los ha hecho más ágiles y capaces de eludir a las fuerzas del orden en muchos casos a lo largo de su historia. La organización, que a menudo cuenta con sólo entre 35 y 50 miembros (aunque el número puede variar debido a las condenas de prisión, las "desapariciones", etc.), también se ha apoyado en un círculo extendido siempre cambiante de hasta 100 socios criminales, lo que hace que tanto sus filas como su red extendida sean bastante estrechas en comparación con las de las familias más grandes.

La historia de cómo la familia DeCavalcante llegó a convertirse en la primera familia criminal de Nueva Jersey se remonta a Sicilia, concretamente a Ribera, el municipio italiano que da nombre al club del 408 de Palmer. Todo comenzó con un hombre llamado Stefano Badami, que llegó a América en algún momento entre mediados y fines de la década de 1920.

Orígenes familiares: Las familias Elizabeth y Newark

Nacido el 10 de diciembre de 1888 en Corleone, Sicilia y bautizado al día siguiente, se desconoce cuándo llegó Badami por primera vez a los Estados Unidos, aunque los registros de inmigración apuntan a la posibilidad de que no haya ingresado al país directamente desde Italia, sino a través de la frontera canadiense. Lo que se sabe sobre los primeros años y la vida personal de Badami es que se casó con Giuseppa Gugliatta el 26 de octubre de 1924 en Roccamena, Sicilia y que, cuando llegó a los Estados Unidos, se instaló en Newark, donde, según los registros, abrió una fábrica de ropa.

La confección de prendas de vestir en Nueva York y Nueva Jersey era una industria importante en aquella época. Como demuestran los registros, si Badami pudo abrir una fábrica poco después de llegar a América, debía de tener una sólida base financiera o algún tipo de respaldo, probablemente de sus contactos en Sicilia. Aunque no existen datos sobre los primeros años de la carrera de Badami ni sobre sus intereses comerciales, es posible que un superior le delegara el papel de "propietario" de la fábrica.

Dicho esto, dado que Badami tendría unos 30 años cuando se trasladó a América, es posible que ya hubiera amasado una fortuna personal a través de sus negocios en Sicilia, lo que podría haberle aportado los recursos financieros para abrir una fábrica. No está claro cómo se financió esta empresa y si el dinero se obtuvo por medios legales o ilegales.

En la época en que Badami llegó a América, la mayoría de los inmigrantes sicilianos se encontraban aún en el escalón más bajo del mercado laboral. En aquella época, los trabajos más comunes para los recién llegados eran como jornaleros en la industria de la construcción, estibadores u otras formas de trabajo físico agotador. Cuando los sicilianos llegaron por primera vez al país, a mediados del siglo XIX, ocuparon puestos de trabajo agrícolas que habían dejado vacantes los esclavos recién liberados. A principios del 1900, solían trabajar como vendedores de frutas y comerciantes ambulantes en las grandes zonas urbanas, como Nueva York y Nueva Jersey, hacia donde emigraban, a menudo enviando a buscar a sus mujeres e hijos cuando tenían el suficiente dinero ahorrado para hacerlo.

Los sicilianos llevaban ya algún tiempo emigrando a los Estados Unidos, pero incluso después de décadas, se les seguía considerando insulares; en la prensa y en las comunidades a las que se trasladaban se les estereotipaba como personas con tendencia a la delincuencia. Una de las razones por las que estos inmigrantes llevaron consigo a su patria adoptiva la desconfianza hacia el gobierno y las instituciones fue su experiencia en Italia con las reformas económicas de Garibaldi y su impulso hacia la formación de una República, cambios que dejaron a todo el sur de la península italiana en la más absoluta pobreza y bajo el dominio del Norte, más rico y desarrollado. La corrupción generalizada en sus comunidades natales les hacía desconfiar a menudo de las fuerzas del orden.

La probabilidad de que Badami ya tuviera dinero o un respaldo financiero a su llegada sugiere que tenía profundas conexiones con algunos grupos o individuos poderosos en su país de origen. Estas conexiones y vínculos con Ribera, Sicilia y la Mafia siciliana llegarían a desempeñar un papel importante una vez que Estados Unidos se convirtiera en un país "seco" en 1920, tras haber aprobado la 18ª enmienda a la constitución el año anterior.

En los Estados Unidos de la época de la Ley Seca proliferó la producción de bebidas alcohólicas ilegales, lo que provocó un aumento de la delincuencia y de todo tipo de actividades ilícitas. El dinero del tráfico ilegal de alcohol era muy lucrativo, así que tiene sentido que la mafia siciliana quisiera un trozo del pastel. Durante los años de la Ley Seca, Badami se convertiría en una figura clave de la mafia de Nueva Jersey con su banda afincada en Elizabeth, Nueva Jersey.

Las familias de Newark y Elizabeth se convertirían en los dos actores principales del contrabando y el chantaje que tuvieron lugar en Nueva Jersey durante los años de la Ley Seca. Al principio, las operaciones de contrabando en la ciudad de Newark estaban repartidas entre el control de dos familias: La familia de Gaspare D'Amico, que pasaría a llamarse la familia de Newark, y la familia de Stefano Badami, que pasaría a llamarse la familia de Elizabeth.

Contrabando de alcohol y primeras actividades delictivas

D'Amico tenía su base local en Newark, mientras que Badami operaba desde la vecina Elizabeth, y consiguieron compartir el territorio sin demasiados problemas durante algunos años. D'Amico también era conocido por supervisar las operaciones de apuestas ilegales durante la década de 1920, y tenía algunas otras actividades en marcha en ese momento, por lo que el hecho de que hubiera un interés externo en el lucrativo tráfico de bebidas alcohólicas ilícitas dentro de los límites de la ciudad de Newark, probablemente no era una de sus principales preocupaciones. De hecho, ya había otro mafioso, Gaetano "Tom" Reina, que más tarde se convertiría en jefe de la familia criminal Lucchese, implicado en el transporte de whisky y otros tipos de alcohol en el norte de Nueva Jersey durante la época de la Ley Seca.

En 1935, Vincenzo Troia, socio del "jefe de todos los jefes", Salvatore Maranzano, tenía planes para hacerse con el control del clan de Newark, pero fue abatido preventivamente antes de que pudiera ejecutar su plan de apoderarse del territorio de Newark. Dos años más tarde, Giuseppe "Joe" Profaci, quien más tarde fundaría la familia Colombo, decidió que acabaría él mismo con D'Amico, de Newark, en un intento de apoderarse de todo el territorio. Después de que D'Amico fuera objeto de un intento de asesinato orquestado por Profaci, decidió huir del país, dejando el territorio de Newark a merced de otros.

Una vez que D'Amico quedó fuera de juego, los altos cargos de la Comisión, el órgano de gobierno de LCN (La Cosa Nostra) y las Cinco Familias, fundada por el mafioso Charles "Lucky" Luciano, votaron a favor de redistribuir el territorio de D'Amico entre las Cinco Familias de Nueva York y la banda de Stefano Badami en Elizabeth. Situado estratégicamente en la vecina Elizabeth y operando ya dentro de los límites de la ciudad de Newark, Badami tenía el dominio de la zona, utilizando su alianza con las Cinco Familias para defenderse de cualquier posible amenaza exterior. Sin embargo, Badami descubriría que la mayoría de las amenazas a las que se enfrentaría procederían de sus propias filas.

A pesar de que la Comisión lo nombró de facto líder del nuevo grupo Elizabeth-Newark, Badami fue incapaz de lograr la unidad de la incipiente organización, ya que los miembros de Newark, que anteriormente habían estado bajo el mando de D'Amico, y los hombres de Elizabeth de Badami, luchaban continuamente entre sí por el dominio de los diferentes intereses comerciales en los territorios que se solapaban. El liderazgo de Badami seguiría marcado por este tipo de conflictos intragrupales durante todo su mando, y finalmente fue asesinado en 1955 durante lo que parece haber sido una lucha de poder entre miembros enfrentados de los grupos combinados.

Problemas en Newark

Una vez que D'Amico huyó de regreso a Sicilia en 1937 y Badami fue nombrado líder de la familia conjunta Elizabeth-Newark, estalló una disputa. Existen varias teorías sobre los orígenes de la disputa entre la familia de Newark y la familia de Elizabeth, aunque parece haber comenzado durante la época en que D'Amico aún dirigía Newark.

Algunos han afirmado que, bajo la dirección de D'Amico, Newark sólo había admitido a sicilianos en su agrupación y excluido a los calabreses, lo que apunta a la posibilidad de que el conflicto interno tuviera su origen en este historial de discriminación intergrupal. Otros han sugerido que otra fuente de tensión podría haber estado relacionada con los asesinatos supuestamente injustificados de miembros de la familia Troia en los que D'Amico estuvo implicado. Aunque D'Amico había sido víctima de la conspiración de Troia, lo que justificaba represalias, algunos pensaban que había ido demasiado lejos al atacar a sus enemigos.

Aparte del conflicto interno que asolaba a los miembros de Elizabeth-Newark, también puede haber habido algunas amenazas externas persistentes derivadas de algunas decisiones imprudentes tomadas por D'Amico en el período que precedió a su partida. Durante su etapa como jefe de Newark, D'Amico pudo haber dado instrucciones a miembros de su facción para que bloquearan las rutas de camiones de Joe Profaci en el negocio de distribución de aceite de oliva que cruzaban el territorio de Newark.

Además de este posible punto de conflicto, algunos dicen que D'Amico debía a Profaci una gran suma de dinero antes de los atentados contra su vida a manos de Troia, lo que le motivó a huir precipitadamente de vuelta a Sicilia antes de saldar sus deudas. También es importante señalar que D'Amico y Profaci a menudo tenían intereses diferentes en las batallas territoriales y las luchas de poder que se libraban entre otras familias de la Mafia, y que apoyaron a bandos diferentes en una lucha de poder en la ciudad natal de Profaci, Villabate, un suburbio de Palermo.

Las tensiones que ya existían entre Profaci y D'Amico parecían persistir en su ausencia, a pesar de que Badami ya había sido instalado como nuevo jefe de la familia Elizabeth-Newark. Al comienzo de la Guerra de Castellammarese, se decía que tanto Badami como Profaci estaban alineados con Maranzano, por lo que no se sabe si este conflicto de la mafia local en el viejo país desempeñó un papel significativo en las tensiones entre Profaci y la familia Elizabeth-Newark.

Aunque el conflicto por el territorio y el poder ya se venía gestando desde hacía algún tiempo, la escalada de estas tensiones provocó un estallido en la guerra en curso dentro de las facciones de Elizabeth y Newark, y la llegada de la década de 1950 anunció un marcado aumento de la violencia, que se acumuló como una olla a presión hasta el punto en que Badami fue asesinado en 1955.

Durante esta época de conflicto, Joe Bonanno y Vincent Mangano apoyaban a la facción de Elizabeth, mientras que Willie Moretti y Thomas Lucchese estaban a favor de la propuesta que acabaría haciéndose realidad: distribuir toda la familia Elizabeth-Newark entre las demás familias (Vacari, 2021).

Las familias Genovese, Gambino, Lucchese y Profaci, reclutaron a miembros de la banda Elizabeth-Newark durante esta época, cimentando la reputación del grupo de ser pasibles de ser "arreados". Algunos miembros, como Tony Caponigro, optaron por unirse a la familia criminal de Filadelfia, debido a las relaciones que mantenían con Joe Ida y Marco Reginelli.

La culminación de todos estos conflictos internos y externos entre las facciones de Newark y Elizabeth se produjo cuando Badami murió apuñalado en el *Vito's Clam Bar* de Newark en 1955 a manos de Frank Mónaco, hermano de Sam Mónaco, antiguo subjefe de Badami.

Sam Mónaco había "desaparecido" en 1931, tras la guerra de Castellammarese, el mismo día en que Charles "Lucky" Luciano asesinó al "jefe de todos los jefes", Salvatore Maranzano. Los restos de Mónaco y Luigi "Louis" Russo, aparecieron unos días después flotando en la bahía de Newark, desafiando de algún modo la gravedad de las pesas que habían sido atadas a sus cuerpos tras ser brutalmente torturados y ejecutados.

De todos modos, Badami fue apuñalado hasta la muerte en el bar de almejas por el viejo Frank, hermano de Sam, el 31 de marzo de 1955, y aunque se desconoce si las almejas navaja estaban en el menú del día, ciertamente hubo cuchillas de un tipo u otro volando por ahí ese día. Es probable que se haya provocado un buen lío, con sangre y almejas esparcidas por la marisquería de la bahía y el famoso lugar de reunión de los gángsters.

Una vez asentados los escombros tras este periodo de conflicto, los restos de las dos facciones de Elizabeth y Newark seguirían mezclándose y coexistiendo en un estado sostenido de conflicto constante. Aún quedarían muchos años de luchas y peleas internas por delante antes de que acabaran uniéndose, olvidando las transgresiones del pasado para surgir de nuevo bajo el nombre de DeCavalcante.

Los primeros jefes

Aunque el mandato de Stefano Badami como jefe de la familia Elizabeth-Newark se recuerda por su incapacidad para conciliar las dinámicas de poder en conflicto dentro de las dos bandas fusionadas, es importante señalar que esta época se definió en gran medida por las decisiones tomadas por la Comisión y el papel desempeñado por otras familias del crimen más grandes, como la de Joe Profaci. Aparte de este aspecto del reinado de Badami y las lagunas en la historia y los registros, hay algunos detalles de la vida de Badami y su implicación en el crimen organizado que siguen siendo turbios.

Además de no estar claro exactamente cuándo llegó a América, hay otros detalles de su vida personal y sus viajes que dejan agujeros en el conocimiento existente sobre sus relaciones y tratos personales. Un ejemplo es que, aunque los registros dicen que se casó con Giuseppa Gugliatta el 26 de octubre de 1924 en Roccamena, Sicilia, Badami se casó más tarde con Mary Landusco Miele en 1953, figurando como "soltero" en la licencia de matrimonio e indicando que en algún momento su primera esposa pudo haber "desaparecido".

Otro dato, cuyos detalles se desconocen, son las conexiones de Badami con Canadá, y hay quien sugiere que pudo entrar por primera vez en Estados Unidos a través de la frontera canadiense. Lo que sí se sabe, según los registros públicos, es que en 1929 se le denegó dos veces la entrada al país por la frontera de Nueva York.

Aunque la mayoría de los historiadores de la mafia coinciden en que Badami fue un miembro de alto rango de la mafia de Elizabeth-Newark, no hay acuerdo sobre si fue o no capo, y detalles como su papel exacto dentro de la organización y el periodo de tiempo en el que estuvo al mando, siguen sin confirmarse.

Tampoco están claras las funciones de Badami en los chanchullos de la industria textil ni los detalles concretos de la propiedad de sus fábricas. Se sabe, sin embargo, que la Mafia expresaría posteriormente un gran interés por esa industria, concretamente por el negocio del transporte de prendas de vestir, hasta el punto de que se convertiría en uno de los temas de conversación clave en la reunión de Apalachin de 1957.

Aparte de cualquier discrepancia o lapsus en la historia, como es de esperar en las historias que se remontan hasta principios del siglo XX, Badami es nombrado definitivamente en la mayoría de las historias de la mafia estadounidense como el capo de la época de la Prohibición de la familia Elizabeth-Newark y como el fundador de lo que con el tiempo se convertiría en la familia DeCavalcante.

Una vez que Badami desapareció, el subjefe Filippo "Phil" Amari se hizo con el poder y continuó dirigiendo las operaciones de contrabando de la banda Elizabeth-Newark, además de dedicarse a otras actividades, como la extorsión, el chantaje, la usura y el tráfico de drogas, tanto en Newark como en Nueva York. Se le consideró el nuevo líder de la organización criminal de Nueva Jersey, pero su posición duró poco, ya que seguía habiendo múltiples facciones dentro del grupo en guerra entre sí. Ante esta situación, Amari decidió seguir los pasos del antiguo jefe de Newark, Gaspare D'Amico, y regresar a Sicilia. Posteriormente, Amari fue sustituido por Nicholas "Nick" Delmore.

Los tratos con el órgano de gobierno de LCN y otros grupos delictivos más grandes y formalmente organizados, llegaron a tener un profundo efecto en los resultados de lo que ocurría en Jersey a lo largo del siglo XX. Tres miembros clave de la banda de Elizabeth-Newark consolidarían las conexiones y la dinámica de este incipiente grupo de Jersey al asistir a la famosa reunión de Apalachin de 1957. Nicholas "Nick" Delmore y los subjefes Francesco Majuri "Big Frank" y Louis LaRasso "Fat Lou" asistieron a esta cumbre del mundo de la mafia que pasó a la historia por su audaz intento de reunir a miembros de la Mafia de todo el país, así como por su rápida disolución y las detenciones masivas que se produjeron tras ella.

Celebrada en noviembre de 1957 en la casa de Joseph Barbara "Joe el Barbero", al norte del estado de Nueva York, la reunión de Apalachin fue un célebre encuentro entre las familias de la Mafia estadounidense que reunió a casi 100 miembros de LCN para hablar de todo lo relacionado con el crimen, hasta que la inesperada visita de un policía estatal provocó la huida los mafiosos de la finca de Barbara.

El policía, que había estado patrullando, se percató de la presencia de cientos de coches de lujo último modelo con matrícula de otro estado aparcados cerca de la propiedad y supo que algo sospechoso estaba ocurriendo. En cuanto la situación comenzó a caldearse, la multitud de gángsters comenzó a dispersarse, abriéndose paso a través de los bosques de la zona.

Al igual que la escena de la quinta temporada de *Los Soprano*, en la que Tony huye a través de los bosques nevados de los agentes del FBI que interrumpen tan bruscamente su reunión con Johnny Sack en el exterior de la mansión del capo neoyorquino, los matones que huían de la reunión de Apalachin fueron sin duda objeto de las cómicas peripecias que se producen cuando los mafiosos se adentran la naturaleza.

Tomemos como ejemplo el episodio "Pine Barrens" de *Los Soprano*, en el que Paulie Walnuts y Chris Moltisanti se enfrentan a un desafío extremo cuando intentan superar una misión fallida en lo más profundo de los bosques del sur de Nueva Jersey. Las siempre elegantes preferencias de vestuario de Paulie suponen todo un reto cuando ambos persiguen a un ruso enloquecido que, de alguna manera, ha frustrado todos sus esfuerzos por darle un entierro digno al cobrar vida de repente y llevar a los gangsters en una persecución inútil que acaba con ellos casi muertos de frío mientras esperan el rescate de Tony.

Cuando las puntas de las botas de Paulie y su traje hecho a mano se encuentran con el terreno escarpado e implacable de la naturaleza americana, se demuestra claramente que estos soldados callejeros pueden estar preparados para enfrentarse a todo tipo de retos en su entorno familiar, pero cuando se enfrentan a la naturaleza, su dura fachada puede resquebrajarse fácilmente. Así que, ahora que ya tienes estas imágenes familiares en tu cabeza, volvamos a la realidad y hablemos de lo que ocurrió aquel día de 1957, el acontecimiento de la vida real que sirvió de base a estos icónicos momentos de la televisión.

La agenda de ese día iba a estar repleta de debates sobre diversos temas, como el juego, la usura, el transporte por carretera y el tráfico de drogas. El territorio y los negocios de Umberto "Albert" Anastasia también estaban sobre la mesa, ya que en su reciente visita a la barbería había recibido seis balazos en el cráneo. La reunión se organizó para que Vito Genovese, (aparente heredero de la familia Luciano, que más tarde adoptaría el apellido del propio Vito), consolidara su recién heredado poder, organizando una gran cumbre en la que participaron mafiosos de todas partes.

Algunos de los líderes más destacados de LCN -entre ellos Santo Trafficante Jr., Russell Bufalino, de la familia del noreste de Pensilvania, Frank DeSimone, de Los Ángeles, Carlos "Little Man" Marcello y Meyer Lansky- asistieron porque albergaban inquietud por los intentos de Anastasia de hacerse con el control de sus operaciones de casino en La Habana.

Otro tema clave en la agenda de la reunión de Apalachin fue la industria de la confección de Nueva York, una industria que, como ya hemos comentado, puede haber desempeñado un papel clave en los primeros años de Badami. El debate sobre esta industria en la reunión de Apalachin debía incluir tanto la concesión de préstamos a los empresarios, como el control del transporte por carretera en el centro de la confección de Nueva York. El resultado de estas discusiones repercutiría en los intereses comerciales de otros capos de todo el país, en particular los relacionados con la fabricación de prendas de vestir, el transporte por carretera, la mano de obra y los sindicatos, todos los cuales generaban importantes sumas de dinero en efectivo para las familias que tenían algo que ver con estos chanchullos.

La fallida reunión acabó con el arresto de Frank Majuri y Louis LaRasso, subjefes de Elizabeth y Newark respectivamente, quienes seguirían siendo miembros clave de la familia DeCavalcante. Se presume que ese día Nick Delmore logró escapar por los bosques de Apalachin, Nueva York, como Tony Soprano, ya que no fue detenido.

Los 2 subjefes de Delmore, sin embargo, no tuvieron tanta suerte. Majuri y LaRasso fueron acusados y declarados culpables de conspiración. A los 20 mafiosos acusados y procesados tras sus detenciones en la reunión de Apalachin, se les impusieron multas de hasta 10.000 dólares a cada uno y fueron condenados a penas de prisión de 3 a 5 años (The Blade, 1960). Sin embargo, todas estas condenas fueron anuladas al año siguiente, y estos mafiosos volvieron pronto a las calles.

La época de Delmore como líder de la familia Elizabeth-Newark se caracterizó por las operaciones clandestinas del grupo. El hecho de que las fuerzas del orden aún no conocieran al grupo fue una ventaja con la que se jugó inteligentemente, ya que el pequeño tamaño del clan y su bajo perfil, les permitieron continuar con sus nefastos negocios. De hecho, en el momento de la reunión de Apalachin, los federales pensaban que Delmore y su banda no eran más que subordinados, miembros de una familia más grande o socios de los Genovese, los Gambino o la banda de Joseph "Joe" Profaci -que más tarde se convertiría en la familia Colombo.

Poco sabían las fuerzas del orden que tenían entre manos a una familia independiente. Pero pronto lo descubrirían, ya que el hombre que daría nombre a la familia llegaría a ser el sucesor en el liderazgo en apenas unos pocos años. Delmore siguió al frente de la organización hasta su fallecimiento en 1964, dejando las riendas del poder a su sobrino, Simone Rizzo DeCavalcante.

Cuando DeCavalcante llegó como nuevo jefe de la familia, prestando su nombre al grupo, una nueva era había comenzado. Este cambio de liderazgo y prioridades sentaría las bases para el futuro del crimen organizado en Nueva Jersey y, por primera vez, conseguiría que esta incipiente banda de Elizabeth y Newark obtuviera el reconocimiento oficial -aunque no un asiento en la mesa- de la Comisión, el órgano de gobierno de la mafia italoamericana.

Aunque la asistencia de Delmore, Majuri y LaRasso a la reunión de Apalachin significó que la familia Elizabeth-Newark ya estaba haciendo progresos para ser reconocida como una familia autónoma y legítima dentro de LCN, no fue hasta que DeCavalcante entró en escena que los chicos de

Jersey adoptaron realmente la forma plenamente realizada y reconocida que llevaría a la familia a la era moderna.

El ascenso de "El Conde": Simone DeCavalcante

Cuando su tío, Nicky Delmore, estiró la pata en 1964, Simone Rizzo DeCavalcante, alias "Sam el Fontanero", también conocido como "El Conde", se apresuró a legitimar su control del poder y a reforzar la posición de su banda ante la Comisión. Un nativo de Trenton, Nueva Jersey, que afirmaba descender de la realeza italiana, era ahora el heredero de una familia de mafiosos locales en apuros que, de alguna manera, había sobrevivido a la represión del contrabando, a múltiples guerras entre mafias y al riesgo de ser acarreados y absorbidos por sus homólogos más grandes de Nueva York.

Debido a la afirmación no verificada de su linaje real, Sam se ganaría el apodo de "El Conde", pero sólo cuando recibiera su herencia -las llaves de un grupo ligeramente disfuncional de ex contrabandistas de Elizabeth y Newark- se convertiría realmente en el monarca que siempre creyó ser.

Capítulo 2:
DeCavalcante

Sam el fontanero

Kenilworth Heating and Air Conditioning, una empresa local corriente en el tranquilo suburbio de Kenilworth, Nueva Jersey, era como cualquier otra empresa local de la zona. Respondía a las necesidades de los clientes, pagaba sus impuestos e incluso participaba en algunas organizaciones empresariales locales. Y lo que es más importante, *Kenilworth Heating and Air Conditioning* cumplía todos sus deberes cívicos y legales en aras de prestar servicios útiles a la comunidad. Pero había algo que diferenciaba a esta empresa de servicios y mantenimiento de muchas otras empresas locales: Su propietario era Simone DeCavalcante "Sam el Fontanero".

Aunque DeCavalcante fue encarcelado apenas cinco años después de asumir el control de su ahora homónima familia mafiosa, consiguió reorganizar y legitimar el incipiente grupo en el que entró al tiempo que lo hacía crecer, doblando las filas de los tipos bajo su mando a los pocos años de asumir el control. Demostrando que iba en serio a las otras familias de los clanes de los alrededores, fue capaz de definir un camino hacia la modernización con una serie de reformas que impulsarían a su desajustado y a veces infravalorado grupo de "granjeros" de Nueva Jersey a niveles desconocidos hasta entonces.

La experiencia de DeCavalcante al frente de un negocio legítimo puede haberle ayudado a establecer nuevas formas de operar y a fijar nuevos objetivos y prioridades para la familia. Sentando un precedente para los futuros jefes de la familia DeCavalcante, algunos de los cuales también bordearían la zona gris entre negocios legales e ilegales, hizo de la rentabilidad su principal objetivo, al tiempo que consiguió mantener las cosas en orden dentro de las filas.

Aparte de los avances logrados en la Comisión y de mantener buenas relaciones con otros mafiosos de la región, DeCavalcante fue capaz de aumentar el abanico de fuentes de ingresos ilegales de la familia, hasta el punto de obtener ingresos de hasta 20 millones de dólares al año (The New York Times, 1971).

Otra de las reformas de DeCavalcante aumentó el ámbito y el alcance de las operaciones, ramificándolas aún más en la ciudad de Nueva York, así como en otras zonas geográficas, incluida Waterbury, Connecticut, donde los negocios de una cuadrilla satélite estaban a cargo del subjefe Joseph "Joe Buff" LaSelva. DeCavalcante también consiguió ampliar su alcance a Florida, donde se instalaron varios miembros y asociados.

En aquella época, las principales actividades de la familia incluían el juego, la usura, el chantaje sindical, la extorsión y el tráfico de drogas. DeCavalcante demostró ser capaz de dirigir su familia con eficacia y también consiguió ganarse el respeto de sus miembros, así como satisfacer las exigencias y expectativas, a veces quisquillosas, de la mafia neoyorquina.

24

Aunque la asunción del poder por parte de DeCavalcante calmó muchas de las tensiones y conflictos internos que habían asolado las filas de la banda Elizabeth-Newark desde sus días de contrabando, una nueva serie de problemas se abalanzaría sobre el grupo, trayendo consigo algunos retos imprevistos. La familia DeCavalcante comenzó a atraer la atención de las fuerzas del orden, algo que habían evitado durante mucho tiempo debido a su pequeño tamaño y a la discreta posición que ocupaban anteriormente. Esta realidad, unida a una serie de nuevos esfuerzos e iniciativas del FBI, dio lugar a un periodo difícil en el que la vigilancia gubernamental comenzó a infiltrarse sigilosamente. Atrás quedaban los días en los que la delincuencia organizada de Nueva Jersey podía pasar desapercibida, en cierto modo protegida por las sombras proyectadas por sus homólogos neoyorquinos, más grandes y de más alto perfil.

Él no lo sabía en aquel momento, pero el FBI había puesto micrófonos ocultos a DeCavalcante desde el principio, cuando se hizo cargo de la empresa tras la muerte de su tío en 1964. Los micrófonos que colocaron en la oficina de *Kenilworth Heating and Air Conditioning* permitieron a los federales captar grabaciones de Sam el Fontanero refiriéndose a sus tratos con la Comisión, revelando sus asociaciones con otras familias del crimen organizado y exponiendo su agenda. A medida que continuaban interceptando sus conversaciones, empezaron a surgir otros datos relacionados con las actividades ilícitas en las que estaba implicado.

Además de revelar los detalles de los delitos y conexiones de DeCavalcante, un audio que los federales capturaron reveló detalles privados de la vida del mafioso fontanero, incluyendo alguna información muy privada con respecto a los asuntos matrimoniales en los que estaba involucrado. Las grabaciones revelaron algunas conversaciones sobre su vida privada, algunas de las cuales parecen sacadas directamente de *Los Soprano*. Al igual que Tony, Sam el Fontanero estaba abrumado por el mismo tipo de pesadas cargas y llevaba el peso psicológico que cualquier jefe de la mafia con algo de conciencia se vería obligado a soportar.

Organizar crímenes y matar personas para ganarse la vida pasa factura, y las transcripciones de los micrófonos colocados en la oficina de *Kenilworth Heating and Air Conditioning* revelan cómo es la lucha contra los problemas que un jefe de la mafia debe afrontar y procesar. Al igual que las secuencias de sueños febriles de Tony que comienzan en el último episodio de la segunda temporada, cuando se intoxica después de devorar una cena india con Salvatore Bonpensiero "Big Pussy", seguida de un plato de mejillones en Artie Bucco, algunos de los sueños de Sam que fueron grabados, revelan algunos de los mismos elementos simbólicos que los de Tony.

Al describir un sueño en el que DeCavalcante era perseguido por la policía y en el que también aparecía su secretaria, le dijo en una grabación: "Estabas gritando... Llevabas perlas... Todo estaba tan jodido... Mary [su mujer] me despertó... algo sobre perlas... No recuerdo bien" (Daly, 2017, párr. 3). Esto posiblemente revelaba la culpa que sentía Sam en relación a la aventura que mantenía con su secretaria, las imágenes combinadas de ser perseguido por la policía mientras su *amante* aferrada a sus perlas grita, apuntan a la posibilidad de que DeCavalcante temiera ser atrapado en alguno de sus múltiples asuntos.

Aparte de las transgresiones personales de DeCavalcante, los detalles de los delitos cometidos que también se revelaron en la cinta de audio, fueron suficientes para presentar cargos de crimen organizado contra él y, en 1969, fue declarado culpable de estos cargos y enviado a prisión. Tras su liberación en 1976, DeCavalcante se "retiró" en Florida, aunque un informe de 2004 sobre el crimen organizado realizado por el Estado de Nueva Jersey sostiene que DeCavalcante siguió ejerciendo como jefe de su clan homónimo hasta 1982 (Comisión de Investigación), cuando el siguiente jefe asumiría el control de la familia DeCavalcante.

Durante el exilio de DeCavalcante en el Estado del Sol, el tipo que acabaría tomando el relevo de Sam el Fontanero fue ascendiendo en el escalafón. Este detallista y respetado subjefe se llamaba John Riggi. Un tipo "bien arreglado" cuyo padre, Emmanuel Riggi, había servido durante mucho tiempo a la familia como agente dentro de varios sindicatos, John Riggi también tenía profundas conexiones propias dentro de esta importante parte del negocio de DeCavalcante. Abriéndose camino gracias a su influencia en los sindicatos, estaba en condiciones de asumir el cargo de jefe de la familia ("Familia DeCavalcante", 2022).

El camino de Riggi: John "El Águila" Riggi

Al igual que DeCavalcante antes que él, John "El Águila" Riggi era un tipo directo que contaba con el respeto de las Cinco Familias, manteniendo buenas relaciones con los poderes más importantes de la región. Riggi continuó extendiendo las redes del perfil impulsado por la familia y su mejor posición dentro de La Cosa Nostra que Sam DeCavalcante había puesto en marcha, incluso mantenía una estrecha relación personal con el jefe de la familia Gambino, John Gotti.

Riggi decidió que, por primera vez, se incorporaría a la estructura de liderazgo de DeCavalcante un panel de gobernantes, y que estaría dirigido por Gaetano Vastola, más conocido como "Corky". Vastola, un mafioso de la vieja escuela que tenía negocios en la industria del entretenimiento con el que han suscitado comparaciones con el personaje de *Los Soprano* Hesh Rabkin, el consejero judío de Tony, que hizo su fortuna como fundador de la ficticia *F-Note Records*. Como jefe de *Roulette Records*, Vastola era conocido por frecuentar a Sammy Davis Jr. y también había trabajado como productor musical.

Riggi era considerado por la cúpula dirigente y los subordinados más abajo en las filas, como un líder ecuánime que gobernaba con mano dura, capaz de ordenar asesinatos de sus enemigos sin pestañear y, a veces, incluso ejecutarlos él mismo. Era a la vez temido y respetado, lo que lo que le permitió mantener la estabilidad lograda por su predecesor y continuar en una trayectoria ascendente.

Siguiendo la estela de Sam el Fontanero, Riggi mantenía normas similares de conducta en los negocios y en las relaciones con la mafia, y era conocido por su capacidad de gestión, que seguiría apoyando el conjunto de actividades ilícitas que DeCavalcante había reunido durante su reinado, al tiempo que añadía algunas más en las propias áreas de especialización de Riggi.

Una vez que Riggi asumió el poder, las fuentes de ingresos más lucrativas para la familia fueron el juego y la usura, pero hubo otros chanchullos que adquirieron importancia durante su mandato. El chantaje laboral era una de las áreas en las que Riggi destacaba, y al ampliar e introducir nuevas fuentes de ingresos mediante la vinculación con sindicatos y contratistas locales, se aseguró de que las actividades en este ámbito siguieran siendo una parte importante de la cartera de delitos de la familia durante la segunda mitad del siglo XX y el XXI.

El hecho de que Riggi se centrara en la actividad sindical le proporcionó una gran ventaja en los sectores de la construcción, los proyectos municipales y el transporte y, al igual que DeCavalcante antes que él, Riggi aumentaría los beneficios de la familia mediante estafas dirigidas tanto a contratistas locales como a municipios.

Al igual que la fachada de reparación y mantenimiento de Sam el Fontanero, que le permitía ocultar sus negocios ilícitos tras la fachada de una entidad comercial legal, Riggi se propuso ocultar sus actos estableciendo relaciones y conexiones que legitimaran su perfil y, con suerte, lo mantuvieran alejado de la atención de las fuerzas del orden. Estas técnicas, que incluían sobornos a políticos locales, apoyo a organizaciones benéficas y patrocinio de proyectos de desarrollo de ligas deportivas juveniles, permitieron a la familia DeCavalcante, bajo el liderazgo de Riggi, seguir beneficiándose de sus diversas tramas, desde el fraude y la extorsión hasta otros delitos más graves.

Si bien los métodos de Riggi aumentaban el flujo de dinero hacia la organización, los flagrantes flujos de sobornos y tramas que se filtraban a la red circundante de afiliados, sindicatos, políticos y organizaciones locales empezaban a atraer una atención no deseada. De hecho, muchos de los negocios y relaciones de Riggi apestaban exactamente al tipo de corrupción que a los federales les encanta detectar.

En 1990, tras ocho años al frente de la familia DeCavalcante, Riggi fue derribado por la ley y condenado por varios cargos, entre ellos extorsión y chantaje. Condenado a 12 años de cárcel, la opción clara fue delegar su poder en alguien para que dirigiera las cosas en la calle sin dejar de controlar el negocio desde detrás de las rejas.

Riggi descubriría que esta táctica tenía un éxito variable, ya que reintrodujo parte de la inestabilidad que había acorralado a versiones anteriores de la familia DeCavalcante. El tipo que Riggi seleccionaría para dirigir las operaciones en las calles de la familia mientras él estaba encarcelado fue una elección fácil. Ya había seleccionado a Gaetano "Corky" Vastola como líder del grupo dirigente, y Vastola asumiría ahora el papel de jefe de la calle mientras Riggi estuviera en prisión.

Sin embargo, este plan no duró mucho, ya que Vastola fue detenido poco después de haber sido designado para este cargo. Así fue como el subjefe John D'Amato entró en escena, tomando la arrogante decisión de nombrarse a sí mismo como jefe interino en ausencia de Riggi.

John D'Amato: El auténtico mafioso gay

Aparte de la presuntuosa toma de poder de D'Amato y de las sospechas de que podría haber robado dinero a la familia, había algo más en él que desagradaba a sus compañeros de la familia DeCavalcante. Cuando sólo llevaba un año al frente de la familia, ya levantaba sospechas entre sus propias filas.

¿Era el hecho de que, en cierto modo, parecía ser más leal a la familia Gambino que a sus propios chicos de Jersey? ¿Era la sospecha de que le guardaba rencor a Gaetano "Corky" Vastola y pretendía liquidarlo cuando saliera de la cárcel? ¿O porque corrían rumores de que le gustaba visitar clubes de sexo de Manhattan con su novia, Kelly, donde supuestamente intercambiaban parejas y realizaban todo tipo de actos sexuales con mujeres y hombres?

Ahora bien, la Mafia no es un lugar muy indulgente con la gente de inclinaciones diversas, ya que las filas de La Cosa Nostra suelen estar llenas de tipos socialmente conservadores, que hacen todas las cosas que cabría esperar del típico italoamericano corriente, nacido y criado en Jersey. Aunque se sabe que los mafiosos se van de fiesta, prueban todo tipo de drogas, pasan las noches en clubes de striptease, visitan prostitutas y retozan con sus múltiples amantes, el mafioso promedio es un tipo bastante tradicional que valora la familia y sigue un machismo restrictivo del viejo mundo que no es muy flexible en cuestiones como la sexualidad y el género.

Se podría decir que LCN es lo más alejado que se puede estar de un ambiente LGBTQ+, y D'Amato lo descubrió por las malas. Si bien es posible que fuera de esperar que un tipo le diera una paliza en un club sexual, acabó recibiendo cuatro disparos de pistola de un compañero de la familia DeCavalcante en el asiento trasero de un coche en Brooklyn.

Al igual que Vito Spatafore, capo de la banda de los Aprile, cuya orientación sexual es descubierta por Finn, el novio de Meadow Soprano, cuando llega temprano a una obra y es testigo de un encuentro sexual entre Vito y un guardia de seguridad, D'Amato también debió haber enfrentado sus propias luchas para conciliar su identidad de hombre bisexual y mafioso. Dicho esto, Vito no es el único personaje de *Los Soprano* que se muestra más abierto a la hora de explorar su sexualidad. Basta con echar un vistazo a su malograda relación con Janice Soprano para darse cuenta de que Ralph "Ralphie" Cifaretto es un fetichista masoquista que practica el *edging*, el femdom y los juegos con armas.

Pero volvamos a Vito: en el episodio de *Los Soprano* en el que dos socios le ven bailando en una discoteca gay, su decisión de huir no carece de justificación. Sabía que si se quedaba, correría el mismo riesgo que D'Amato en la vida real.

Al decidir esconderse, Vito hace un movimiento inteligente al dejar que se enfríen los rumores a su alrededor, mientras que el error de D'Amato fue mantener un perfil tan alto. Esto se manifestó tanto en su audaz toma de poder como en el sospechoso estilo de gestión que sugería que no era digno de confianza para sus subordinados. Por muy diferentes que fueran sus enfoques, ambos hombres, tanto en la ficción como en la vida real, correrían una suerte similar a manos de sus respectivas pandillas.

Cuando Vito regresa a Nueva Jersey tras una temporada en New Hampshire y se encuentra con Tony en el centro comercial, su propuesta de volver a la organización es recibida con cierta reticencia. Tony sabe que traer a un mafioso gay de vuelta al redil causaría algunas tensiones no deseadas entre la familia DiMeo y la familia del homófobo extremo Phil Leotardo. Después de pensarlo, está claro que Vito debía desaparecer, y Tony ordena su asesinato para evitar conflictos.

En los sucesos reales que dejaron a D'Amato acribillado a balazos en enero de 1992, Anthony Capo, el sicario de DeCavalcante, encargado de llevar a cabo el asesinato, declaró: "Nadie nos va a respetar si tenemos a un jefe homosexual sentado discutiendo los asuntos de La Cosa Nostra" (Lehmann, 2003c, párr. 3).

Tras recoger a D'Amato en casa de su novia Kelly en Brooklyn, Anthony Capo y el socio de DeCavalcante Victor DiChiara, cuyo coche conducían ese día, fueron invitados a comer por D'Amato. Pero lo que el mafioso gay recibió en su lugar fue una ración de plomo, ya que el asiento trasero se llenó de su propia sangre, generando una escena tan caótica que Capo decidió que el coche de DiChiara tendría que ser destruido.

Se ha sugerido que uno de los motivos del golpe a D'Amato fue que otro capo de DeCavalcante, Anthony Rotondo, también mantenía una relación con la novia de D'Amato, Kelly. Se rumoreaba que D'Amato y Kelly se habían peleado antes de que ella, de repente, decidiera contarle a Rotondo la revelación de que D'Amato había participado en los supuestos actos homosexuales.

Así pues, no se sabe a ciencia cierta si todo este conflicto se redujo a una pelea de amantes en medio de esta extraña relación triangular o si la verdad tras las acusaciones fue lo que llevó al jefe a ser liquidado. Lo que sí se sabe es que, una vez que Rotondo informó de las acusaciones a Jake Amari y Stefano Vitabile, miembros de la Comisión, éstos aprobaron rápidamente el golpe, a pesar de que atacar a un jefe en funciones sin haberlo discutido antes frente a la Comisión estaba totalmente prohibido. Esto allanó el camino para que Amari se convirtiera en el próximo jefe en funciones.

Jake Amari: El Jackie Aprile de la vida real

Gioacchino Amari, también conocido como "Jake", era un capitán y miembro muy respetado del grupo dirigente de Riggi incluso antes de ser ascendido a jefe en funciones. Conocido como un poderoso chantajista laboral en Newark durante la década de 1980, estuvo a punto de caer con Riggi cuando los atraparon cometiendo extorsiones y gestionando tramas de fondos de pensiones a principios de la década de 1990. Amari mantenía una relación amistosa con Vitabile, que era una de las figuras más poderosas de la familia del crimen DeCavalcante desde que Riggi lo instaló al frente del panel de mandos cuando se creó por primera vez. Aparte de su papel en el panel junto con Vitabile, Amari estaba a cargo de todas las operaciones de chantaje laboral y de la construcción de la familia DeCavalcante.

Una vez que Riggi estuvo en la cárcel y D'Amato entró en escena con su audaz toma de poder, Amari se mantuvo junto a Vitabile, consolidando su alianza como los dos miembros más poderosos del grupo y un contrapeso a las acciones de D'Amato. Una vez que Anthony Rotondo se enteró por la novia de D'Amato de las aventuras sexuales de la pareja, Amari y Vitabile fueron los primeros en enterarse de los rumores.

En última instancia, fueron Amari y Vitabile quienes ordenaron el atentado no autorizado contra D'Amato y, por tanto, estaban obligados a informar de la noticia al encarcelado Riggi. Continuando como los dos principales agentes de poder de la familia tras acabar con D'Amato, asistieron a una reunión con representantes de las familias

Gambino y Colombo. La reunión no estaba relacionada con el asesinato no autorizado de D'Amato, sino con un conflicto en torno a un club social de Little Italy que la familia DeCavalcante había abierto en un intento de reclutar a nuevos hombres e infiltrarse en el territorio de Nueva York.

Finalmente, los miembros del panel llegaron a un acuerdo con las familias Gambino y Colombo, decidiendo que, en adelante, la familia DeCavalcante tendría que restringir su grupo de candidatos y sólo podría reclutar a tipos que vivieran dentro de los límites de Nueva Jersey y el sur de Filadelfia. A partir de ese momento, no podrían reclutar chicos directamente en Nueva York, pero seguirían teniendo permiso para operar allí sus intereses comerciales.

A mediados de los noventa, a Amari se le diagnosticó un cáncer de estómago y se vio obligado a ceder más poder a otros miembros del panel dirigente mientras moría de forma lenta y dolorosa. Algunos han establecido conexiones entre este mafioso de la vida real y Jackie Aprile Sr., el personaje de *Los Soprano* que fallece a causa de la misma terrible dolencia que se cobró la vida de Amari en 1997.

Incluso el tipo que reveló la noticia sobre la preferencia sexual de D'Amato opinó sobre la similitud. Una vez que se convirtió en informante, los registros de su testimonio ante el tribunal en 2003 sugieren que no sólo Anthony Rotondo estaba al tanto del programa de televisión, sino que él mismo reconoció los paralelismos entre este par de personajes de la vida real y de la ficción, señalando que "cada programa que ves, más y más descubres a alguien" (Scarpo, 2016, párr.).

Tras el fallecimiento de Amari, Riggi decidió que el panel gobernante seguiría delegando las decisiones importantes y la acción en la calle de la familia, por lo que tres capitanes fueron ascendidos al panel: Vincent Palermo "Vinny Ocean", Girolamo "Jimmy" Palermo y Charles "Big Ears" Majuri. Majuri, un leal miembro DeCavalcante de toda la vida, era hijo del antiguo subjefe de la banda de Elizabeth y consejero de DeCavalcante durante mucho tiempo, Frank Majuri.

Algunos han dicho que Charles Majuri estaba furioso por la decisión de Riggi, no tanto con el propio Riggi sino con los dos Palermo (que compartían el mismo apellido pero no estaban emparentados), ya que le obligaron a compartir el poder dentro del panel de mando.

Capítulo 3:
Manteniendo la reputación de la familia

Aunque Riggi permanecería encarcelado durante los 15 años siguientes, hasta 2012, el grupo dirigente siguió gestionando las decisiones importantes que debían tomarse en su ausencia. El vacío de poder que quedó tras el fallecimiento de Amari dio lugar a un trasiego constante de funciones y, lo que es más grave, a una falta del estilo de gestión claro que habían instituido líderes como DeCavalcante y Riggi, que hasta ese momento habían logrado cultivar y mantener un período de estabilidad prolongada.

Aquellos días habían quedado atrás, y entre mediados y finales de la década de 1990 la familia DeCavalcante se vio sumida en una ligera confusión, a medida que una serie de escapadas fallidas de miembros y asociados atraían la atención de las fuerzas del orden. En la cúspide del nuevo milenio, del bajo perfil del que se había beneficiado anteriormente el clan pasó a primer plano cuando en 1999 debutó una nueva serie de televisión.

Se llamaba *Los Soprano*, y aunque su creador, David Chase, sostenía que la inspiración para la serie procedía de fuentes muy diversas -incluida su infancia en Nueva Jersey, donde el mafioso de la familia Genovese Richie "The Boot" Boiardo era vecino de la madre de Chase-, las conexiones con la familia DeCavalcante fueron evidentes.

El complejo de inferioridad

Cuando el mafioso de ficción Carmine Lupertazzi dijo: "No son una familia, son una banda glorificada", cabe preguntarse si David Chase y el equipo de guionistas de *Los Soprano* habían creado a la familia DiMeo a partir del conocimiento del papel que la familia DeCavalcante había ocupado tradicionalmente en el mundo de la mafia de Nueva York, siempre a la sombra de las Cinco Familias, más grandes y poderosas.

Debido a esta dinámica, el sentimiento de inferioridad era algo que había existido durante mucho tiempo en la familia DeCavalcante, remontándose a los primeros tiempos de las familias Elizabeth y Newark. Los miembros de las Cinco Familias no sólo se referían constantemente a ellos como "granjeros", sino que también estaban sujetos a las decisiones y a la dinámica de poder de la Comisión.

Durante la época de Sam el Fontanero, la familia empezó por fin a avanzar un poco en la resolución de estos problemas y en su perfil ligeramente disminuido dentro del submundo criminal. DeCavalcante se aferraba a la posibilidad de ganar un asiento en la mesa de negociaciones de la Comisión, queriendo que su familia no sólo tuviera reconocimiento como entidad independiente, sino que se convirtiera en la Sexta Familia.

Las transcripciones de las grabaciones intervenidas de la oficina de DeCavalcante en la empresa *Heating and Air Conditioning* incluyen a Sam lamentando la posición en la que siempre lo colocaba la Comisión, expresando su descontento por el hecho de que Joe Colombo hubiera sido nombrado miembro del órgano de gobierno por sugerencia de Carlo Gambino (Daly, 2017).

La inclusión de Colombo en la Comisión puso fin a la esperanza de que su familia homónima pudiera ser tenida en cuenta para formar parte de la Comisión, ya que la organización Colombo descendía directamente de la familia de Joe Profaci, que tenía su propia historia de conflictos con la organización DeCavalcante, derivada de los enfrentamientos de Profaci con el jefe de Newark, Gaspare D'Amico, en la época del contrabando.

El bombardeo mediático

Aparte de los sentimientos de inferioridad que seguían asolando a la organización y que contribuyeron al estado de ligera confusión en el que se encontraban tras el fallecimiento de Amari, así como los problemas derivados del mandato de poder compartido entre Majuri y los Palermo, empezaron a surgir otras cuestiones que comprometerían el liderazgo y la integridad del grupo a medida que el reloj avanzaba hacia el final del siglo.

Incluso antes de que el nuevo drama televisivo centrado en la mafia que se estrenó en 1999 suscitara escrutinio, el miembro del grupo gobernante Vincent Palermo "Vinny Ocean" ya había estado haciendo olas, tanto en la prensa como en la comunidad en la que dirigía uno de sus negocios. Este cúmulo de fuerzas provocaría una mayor atención no deseada sobre sus actividades y pondría en conocimiento de la ley su condición de miembro de una familia mafiosa.

Imagínese que Silvio Dante, el personaje de *Los Soprano*, hubiera situado su club de striptease *Bada Bing* en un lugar diferente, como el tranquilo barrio residencial donde se encuentra la *Pork Store* de Satriale, en lugar de en la Ruta 17. Al poner su lucrativo palacio de la obscenidad vestido de espejos en un barrio residencial en lugar de en una transitada ruta de camiones en Lodi, habría atraído la atención no deseada tanto de los ciudadanos como de las fuerzas del orden. Pues bien, eso fue exactamente lo que hizo Vinny Ocean con su club de striptease *Wiggles* ubicado en Rego Park, Queens.

Consiguió llamar la atención tanto de los activistas del barrio como de los encargados de hacer cumplir las estrictas leyes de la ciudad de Nueva York sobre cabarets y clubes de striptease, pero *Wiggles,* como entidad comercial, quedó oculta en una enmarañada red de propiedades diseñada para mantener a Palermo oficialmente fuera de la estructura de gestión y propiedad del club. Sin embargo, todo el mundo sabía que era su local, y él disfrutaba cometiendo infracción tras infracción mientras se reía en la cara de los ciudadanos preocupados que no querían un bar de nudistas justo en Queens Boulevard, un barrio familiar.

La llegada de Rudy Giuliani a la alcaldía el 1 de enero de 1994 contribuyó a reforzar y potenciar estas voces de ciudadanos preocupados que no querían clubes de striptease en sus barrios. Las nuevas políticas elaboradas por el ayuntamiento empezaron a limpiar zonas antes sórdidas, como Times Square, en una campaña de barrido urbano diseñada para erradicar todo tipo de vicios, pero sobre todo el sexo y las drogas, de las calles de la Gran Manzana.

Para cuando Palermo abrió *Wiggles* en Queens Boulevard en julio de 1994, la brigada antivicios de ciudadanos preocupados, que se sentían fortalecidos por los esfuerzos de limpieza impulsados por el gobierno y que ya estaban en pleno vigor, se habían organizado para movilizarse. Una vez abierto, *Wiggles* fue objeto de piquetes de ciudadanos preocupados casi todas las noches, que incluso lo convirtieron en una cuestión constitucional al proclamar que el club estaba violando sus derechos de la Primera Enmienda.

La respuesta de Palermo a este desafío no fue permanecer discreto para ahogar estas voces, sino que optó por combatir a los manifestantes. Colocó carteles en la entrada animando a los clientes a ejercer sus derechos constitucionales entrando para disfrutar de una oferta promocional, que incluía entrada gratuita, un bufé de cortesía y la promesa de contemplar chicas en topless, ¡todo por el precio de cero dólares! Pero Vinny Ocean no se detuvo ahí. Fue aún más lejos, hasta el punto de presentar una demanda civil por libertad de expresión contra los manifestantes.

El 1 de septiembre de 1994, el abogado de Palermo, Stanley Meyer, presentó una demanda ante el Tribunal Supremo de Nueva York, alegando que los manifestantes frente a *Wiggles* estaban violando el derecho de "libertad de expresión" del negocio. Solicitando que el juez dictaminara el cese inmediato de las protestas, Meyer citó el hecho de que las intrusiones de los manifestantes incluían la violación del derecho a la intimidad de los clientes, fotografiándolos al entrar y salir del club, así como tomando fotografías de sus matrículas (Smith, 2003).

Al igual que el episodio de *Los Soprano* en el que la banda de Tony, armada con porras y orgullo italoamericano, acude a una protesta por el Día de la Raza organizada por activistas anticolonialistas nativos americanos, el episodio de la libertad de expresión de Palermo pone de relieve lo que ocurre cuando chocan la política y los intereses de la mafia.

Aunque algunos han tachado el episodio 3 de la cuarta temporada como uno de los peores de toda la serie, hace un gran trabajo al mostrar lo testarudos y fieles a sus principios que pueden ser los mafiosos, sin importarles lo problemáticas que puedan ser sus políticas y opiniones. Los objetivos de las venganzas y los rencores que se guardan entre sus miembros, suelen estar contenidos en las redes y vínculos internos de los mafiosos. Pero el caso real del club de striptease *Wiggles* de Vinny Ocean y el episodio de *Los Soprano* muestran lo que ocurre en los raros momentos en que el interés de la mafia cristaliza en torno a una cuestión política o social y sale de la esfera cerrada del submundo criminal para llegar al público en general.

Aunque en el episodio de *los Soprano* se trataba de una cuestión de orgullo italoamericano, y en la saga real del *Wiggles* se trataba de una cuestión de negocios convertidos en política-vendetta, ambas historias demuestran que toda publicidad es buena publicidad, excepto en el caso de la mafia. Este tipo de acciones exponen a los miembros participantes al riesgo de ser descubiertos y atraer más atención sobre sus negocios, incluso cuando sus actividades ilegales se llevan a cabo detrás de una tapadera legítima, como el *Wiggles* o el ficticio *Bada Bing* de Silvio.

El atraco fallido

El descarado desprecio de Vinny Ocean Palermo por la práctica comprobada de no hacer de uno mismo un espectáculo como hombre hecho, reflejaba el ligero desorden en el que se encontraba la encarnación moderna de la familia DeCavalcante. Después de todo, se había convertido en una característica definitoria de la familia, sólo interrumpida esporádicamente por breves periodos de estabilidad a lo largo de su historia.

No se trató de las payasadas de Vinny Ocean, sino de otro incidente ocurrido por esas fechas, lo que convertiría a la familia en el hazmerreír de los círculos mafiosos y de la prensa sensacionalista. Y éste no fue llevado a cabo por un capo, sino por un miembro de bajo nivel de la familia DeCavalcante. Antes de que las torres gemelas del World Trade Center fueran derribadas por terroristas, pero después de que ya hubieran sido blanco de un atentado con un coche bomba en 1993, hubo un atraco a un banco que tuvo lugar dentro de los icónicos rascacielos del Distrito Financiero y que ocupó titulares que dejaron rascándose la cabeza tanto al público en general como a los mafiosos.

A finales de 1997, Ralph "Ralphie" Guarino, miembro de la familia DeCavalcante, ideó un plan para robar bolsas de dinero en efectivo de una sucursal del Bank of America situada en el World Trade Center. Los ladrones a los que subcontrató para el trabajo consiguieron hacerse con cerca de un millón de dólares, pero los estúpidos bandidos ni siquiera se dieron cuenta de que la mayor parte del dinero que se llevaron estaba en divisas extranjeras, lo que dificultaba enormemente su blanqueo de forma organizada y lógica.

Los billetes verdes que quedaron sobre la mesa en la escena del crimen ascendían a 1,6 millones de dólares, la mayoría de los cuales estaban en el fondo de las bolsas de dinero que los ladrones saquearon. Aparte de estas desafortunadas realidades -no sólo que dejaran una tonelada de dinero sobre la mesa de Guarino, sino también tuviera que lidiar con montones de billetes extranjeros difíciles de manejar-, los bandidos también consiguieron ser captados en el acto por más de 55 cámaras de seguridad. Al día siguiente, aparecieron en todos los canales de televisores y en todos los periódicos.

Sólo uno de ellos, el líder del grupo de matones contratado por Guarino, un tipo llamado Richie Gillette, fue lo bastante listo como para cubrirse la cara con una capucha antes de que los demás se pusieran los pasamontañas. Los otros dos tipos aparecieron en todos los medios de comunicación, convirtiendo este atraco fallido en todo un espectáculo cómico. Fue fácil localizarlos y Guarino se vio obligado a pagarles 20.000 dólares a cada uno de ellos, lo que le dejó montones y montones de yenes y liras para él solo (Smith, 2003).

Este crimen fallido, que los medios de comunicación convirtieron en todo un espectáculo, fue característico de la época, ya que puso a los miembros y socios de DeCavalcante en el punto de mira y atrajo una atención que probablemente molestó a muchos miembros de bajo perfil del clan de Nueva Jersey.

Las consecuencias de la discordia

El periodo comprendido entre mediados y finales de la década de 1990 representó una fase de transición para la familia DeCavalcante. Con Riggi encerrado y con miembros de la cúpula dirigente como Vinny Ocean Palermo, e incluso tipos de bajo nivel como Ralphie Guarino, que ridiculizaban a la organización con sus erráticos y torpes planes, que atraían una mayor atención hacia sus intereses empresariales y sus actividades ilegales, las cosas empezaron a desmoronarse. Los federales estaban cerrando el cerco, y el período comprendido entre 1999 y 2005 sería testigo de una redada masiva de miembros y asociados de la familia DeCavalcante.

Casi amenazando con poner fin a la familia tal y como era conocida, los arrestos masivos incluyeron a siete capos dentro de la familia. Esto comprometería gravemente la ya frágil estructura de poder que se había establecido desde el fallecimiento de Amari, cuando Riggi incorporó a Majuri, Vinny Ocean Palermo y Jimmy Palermo al grupo dirigente.

Mientras los mecanismos que precipitaron la caída de la organización ya se habían puesto en marcha, otro fenómeno empezó a entrar en escena, y fue uno que aceleraría rápidamente el desmantelamiento de la jerarquía de la familia y su capacidad para mantenerse a flote.

Una plaga de ratas (informantes) era inminente. Aunque los pormenores de los negocios de estos individuos de doble cara que delataron a miembros de su propia familia se tratarán con mayor profundidad más adelante en este libro, es importante señalar que los retos a los que se vio enfrentada la familia DeCavalcante en esta época fueron multilaterales y amenazaban con devorarla por completo.

La ampliación de la condena de Riggi

Cuando fue condenado en 1992, la fecha inicial de puesta en libertad de Riggi estaba fijada para 2003. La razón por la que acabó cumpliendo una condena más larga fue que, en la red de caos tejida por la oleada de delaciones que asoló a la familia DeCavalcante, Riggi se vio implicado en algunos de sus negocios pasados. Una vez descubiertos por los informantes, estos secretos enterrados llegaron a manos de los fiscales.

Debido a la oleada de soplones que sacudió a la organización, se dio el caso de que, mientras cumplía su condena inicial en prisión, Riggi se enfrentó a cargos adicionales por estar implicado en el asesinato en 1989 de Fred Weiss, un promotor inmobiliario de Staten Island al que nada menos que el mismísimo John Gotti había ordenado dar un golpe. Gotti temía que Weiss, un antiguo periodista del *Staten Island Advance*, denunciara a la policía su conocimiento de una trama de vertidos ilegales de residuos médicos, por lo que encargó a la familia DeCavalcante, bajo el mando de Riggi, que "se ocupara" del asunto.

Riggi, cumpliendo con una condena ampliada hasta 2012, fue dado de alta del Centro Médico Federal de Devens (Massachusetts) el 27 de noviembre de 2012, a la edad de 87 años. Aunque algunos consideraron la ampliación de condena que recibió en 2003, esencialmente, como una cadena perpetua, Riggi consiguió vivir hasta los 90 años, viviendo los últimos 3 años de su vida como un hombre libre y falleciendo finalmente el 3 de agosto de 2015.

El Viejo

En la oleada de acusaciones que se sucedieron entre 2000 y 2003 y que prolongaron la estancia en prisión de Riggi, también cayeron un montón de otros tipos, incluido el subjefe en funciones y miembro del panel de mando Girolamo "Jimmy" Palermo. Con el panel de Riggi ahora comprometido por la oleada de acusaciones e informantes, alguien tenía que intervenir y tomar el control.

Joseph Miranda, apodado "el viejo", asumió el liderazgo de facto, ya que era el miembro de mayor edad de la familia, e intentó estabilizar el barco sin rumbo en el que se había convertido la familia DeCavalcante. Este veterano contó con los servicios de Sam el Fontanero, quien llevaba mucho tiempo en el negocio y probablemente estaba consternado por el estado en que veía a la familia en el momento en que asumió el mando.

Este mafioso de la vieja escuela, que operaba en un bar de Elizabeth, puso en marcha una iniciativa para reclutar a gente nueva, pero, como sugiere su apodo, el veterano no tenía las ideas frescas que se necesitaban para llevar a la familia al siglo XXI.

Los intentos de Miranda de reparar la familia incorporando a unos cuantos miembros nuevos no fueron eficaces para afrontar los enormes retos que suponía la continuidad de las operaciones durante este tiempo. Después de tres años al timón, el Viejo decidió ceder su puesto a un tipo más joven,

47

un siciliano de Ribera llamado Francesco Guarraci, a fines del 2006.

Guarraci entra en escena

Guarraci había sido promovido por John Riggi a finales de los ochenta y sirvió de vínculo vivo con las raíces del grupo en Ribera, Sicilia. Era una presencia frecuente en el *Ribera Club* de la familia, en el 408 de Palmer Street, en Elizabeth, donde se decía que era una especie de gerente, aunque su "trabajo" oficial era el de capataz en el sindicato local 394, dirigido históricamente por la familia DeCavalcante.

Este sindicato local había sido la principal fuente de ingresos de la familia DeCavalcante desde la década de 1930. A través de su control del sindicato durante muchas décadas, la familia obtuvo importantes sumas de dinero anuales extorsionando a contratistas y participando en otras prácticas laborales corruptas.

Guarraci, que llegó a Estados Unidos en 1967, fue ascendiendo en el escalafón hasta que en 2006 fue nombrado jefe en funciones y Miranda pasó a ser subjefe. En ese momento, tanto Guarraci como Miranda seguían rindiendo cuentas a Riggi desde su celda de la cárcel y eran responsables de cumplir cualquiera de sus órdenes. Guarraci, que vivía en una modesta casa en Elizabeth, intentaba pasar desapercibido y no figuraba en ninguna de las acusaciones contra la familia.

Conocido como un jefe duro, pero también muy querido, algunos pensaban que Francesco Guarraci tenía posibilidades de convertirse en el próximo gran líder de la familia, tal vez que incluso sería capaz de poner las cosas en orden, unificar y quizás fortalecer los negocios de la familia, lo que daría lugar a mayores fuentes de ingresos como los que Sam el Fontanero fue capaz de lograr en su tiempo.

Aparte de su ascendencia, proveniente de Ribera (Sicilia), algunos consideraban a Guarraci el hombre perfecto para dar el paso, ya que era un gran desconocido para las fuerzas del orden e incluso para muchos miembros del propio grupo. La llegada de alguien como Guarraci marcaría por fin un cambio en el espectáculo que había estado rodeando al pequeño grupo de Nueva Jersey desde el liderazgo de jefes como Vinny Ocean Palermo a tipos de bajo nivel como Ralphie Guarino, que con sus audaces escapadas de cara al público, acabaron comprometiendo la integridad y el bienestar de la organización.

Dicho esto, a pesar de su discreto y apacible enfoque de los negocios dentro de la familia, Guarraci tenía un lado violento en su personalidad que asomaba de vez en cuando. Al igual que en el episodio de *Los Soprano* en el que Richie Aprile hace una visita a Beansie, el propietario de una pizzería local al que intenta extorsionar, Guarraci se metió en problemas debido a un incidente similar que protagonizó en una pizzería de Washington Township en el 2009.

Guarraci, junto con Michael "Mikey Red" Nobile John Koster y otros dos individuos anónimos, entraron en *Lenny 's Pizza* una noche de verano e intentaron asaltar el local. El gerente del restaurante, cuyo propietario había fallecido recientemente, no se mostró receptivo a las exigencias de los *gánsters* que aparecieron de repente en su local e informaron al gerente y a los trabajadores del restaurante que, en ausencia del antiguo propietario, Guarraci estaría ahora a

49

cargo del local, y los chicos de Guarraci exigieron al gerente que les entregara el dinero y los recibos.

Cuando el encargado se negó a cumplir con las exigencias, los tipos le amenazaron y empezaron a gritarle inmovilizándolo físicamente con el fin de impedirle hacer una llamada telefónica. Aunque el incidente no acabó con una paliza como la que Richie Aprile propinara a Beansie en *Los Soprano*, sí que estuvo a punto de estallar.

Un cliente que presenció el intento de atraco llamó al 911 y dijo al operador que la escena parecía sacada de *Los Soprano*. La policía acudió e interrogó a todos los implicados en la reyerta. Los tipos que acompañaban a Guarraci aquel día fueron detenidos en febrero del año siguiente por cargos relacionados con este incidente y su intento de extorsión en la pizzería.

Aunque Guarraci fue noticia y tuvo a la policía en su puerta tras el incidente de la pizzería, no pasaría mucho tiempo hasta que otro capo de la familia DeCavalcante comenzara a atraer la atención de las fuerzas del orden. Aunque, esta vez, no sería por chantajes y amenazas locales, sino por algunos negocios a larga distancia con el crimen organizado de Nueva Jersey. El tipo se llamaba Charles "Beeps" Stango

Problemas en Las Vegas

Más o menos al mismo tiempo que John Riggi salía de prisión en 2012, otro tipo de DeCavalcante fue puesto en libertad. Se trataba de un antiguo capo de la mafia de los DeCavalcante llamado Charles "Beeps" Stango, que salía de la cárcel justo a tiempo para hacerse cargo de parte de las diversas crisis que a principios y mediados de la década de 2000 habían afectado a la familia. Una vez en libertad, podría volver a ser una fuente de ingresos fiable. Aunque Stango era un tipo de Elizabeth, al salir de la cárcel se trasladó a Henderson, Nevada, un suburbio de Las Vegas.

Aunque los estereotipos sobre los mafiosos y su amor por la Ciudad del Pecado son ciertos, Stango no estaba en el desierto del suroeste de Estados Unidos para jugar a los dados, sino para dirigir a su equipo de soldados y socios de DeCavalcante a distancia, lo que le daba cierta lejanía física de los lugares donde se cumplían muchas de sus órdenes.

Si bien Stango tenía algunos planes locales en Las Vegas y había establecido algunas conexiones y fuentes de ingresos en Nueva Orleans y Los Ángeles, su trabajo principal consistía en dirigir las operaciones de su banda en Toms River, un municipio de la costa de Jersey situado a una hora al sur de la base familiar de Elizabeth. El puesto de avanzada de Stango en Las Vegas, donde hacía negocios con drogas y prostitución -e incluso ordenaba atracos por teléfono- le permitía disfrutar del sol del desierto, pero no le impediría verse envuelto en el mismo tipo de escrutinio policial y problemas legales que ya habían estado acosando a la familia DeCavalcante durante más de una década.

Muy pronto, Stango se vería envuelto en una serie de problemas, ya que un agente encubierto se había infiltrado en su banda. Aparte de los problemas causados por los intereses comerciales ilícitos de Stango y las tramas descubiertas por el FBI, existía otra fuerza infiltrada, aunque familiar: los Gambino.

Si bien bajo el mando de Riggi, la relación de los DeCavalcante con las Cinco Familias había sido sólida, Riggi era visto como un líder fuerte e independiente tanto por los de dentro como por otros líderes mafiosos. Aunque ordenaba golpes en nombre de otros tipos, como quedó patente en el asesinato de Fred Weiss en 1989, Riggi siempre mantuvo y proyectó autonomía. Desde los tiempos del nefasto mandato de D'Amato como jefe, había aumentado la preocupación por la intromisión de un tal "Don Dapper" en los asuntos de DeCavalcante. A partir de finales de los 80, John Gotti y la familia Gambino seguirían influyendo en las actividades y la toma de decisiones de la familia DeCavalcante, incluso después de que Gotti falleciera en 2002.

Charles Stango lamentaba el hecho de que la familia de Nueva Jersey de la que él era jefe estuviera ahora bajo la bandera del grupo más grande de Nueva York, y salpicaba sus conversaciones con frases de autodesprecio, como "ahora corremos detrás de los malditos Gambinos" (Amoruso, 2015, párr. 3).

Además de los sentimientos de inferioridad que ya existían en la familia DeCavalcante, esta banda de "granjeros" de Jersey tuvo que enfrentarse a muchos retos durante su encarnación más contemporánea. Stango continuó como jefe de su banda hasta 2015, cuando se presentaron cargos contra él, así como contra su hijo, Anthony Stango, el consejero de la familia DeCavalcante, Frank "Shipe" Nigro, y su socio Paul "Knuckles" Colella, por cargos relacionados con narcóticos, prostitución y conspiración para cometer asesinato.

En total, 10 miembros y asociados de DeCavalcante fueron arrestados en marzo de 2015, y unos meses más tarde, con el fallecimiento de John Riggi, la familia dependería totalmente del jefe interino Francesco Guarraci para recibir orientación y liderazgo.

Aunque Guarraci no fue mencionado en ninguna de las acusaciones derivadas de la infiltración en la banda de Stango, lo que garantizaba que los niveles más altos de la cadena de liderazgo de la familia permanecerían indemnes, los cargos y acusaciones comenzaron a acumularse, añadiendo una cantidad considerable de tensión en la organización y sus operaciones.

Acusado de varias infracciones relacionadas con estupefacientes, prostitución y contrabando de cigarrillos, el hijo de Charles Stango, Anthony, con quien planeaba abrir un servicio de telefonía de alta gama en Toms River, fue enviado a prisión en 2016 mientras su padre aún estaba siendo juzgado. Y al año siguiente, el propio Charles Stango sería encerrado para cumplir una condena de 10 años.

Con otros miembros y socios de DeCavalcante implicados en los hallazgos de la investigación encubierta también siendo encarcelados por narcotráfico en esa época, la familia se encontró con el lamentable fallecimiento del jefe en funciones Francesco Guarraci en abril de 2016.

Charles "Orejas Grandes" Majuri

Al asumir el control de facto de la organización tras la muerte de Guarraci, Frank "Orejas Grandes" Majuri, antiguo miembro de alto rango de DeCavalcante, había llegado por fin a la cima. Miembro de confianza del panel de mando y presencia constante en la organización, al heredar por fin el liderazgo soberano del grupo, Majuri debió de encontrarse en una posición desconocida y experimentó una amplia gama de sentimientos ante su llegada como mandamás. Si bien se había sentido molesto por el nombramiento de Vinny Ocean y Jimmy Palermo por parte de Riggi para el panel de mando allá por la década de 1990, y por haberse visto obligado a compartir el poder junto a ellos durante tanto tiempo, ahora se encontraba no sólo atascado con el legado de una familia cansada y abatida que había vivido tiempos mejores, sino también bajo el escrutinio constante de los esfuerzos de las fuerzas del orden por acabar con ellos para siempre.

Aparte del hecho de que Majuri era el miembro superviviente de más edad de la familia y de que muchos de los hombres de los que dependía anteriormente estaban encarcelados, muertos, eran informantes o cosas peores, también tuvo que hacer frente a las exigencias de una realidad cambiante y lidiar con lo que significaba ser un jefe de la mafia en el siglo XXI.

Majuri era y es un mafioso de la vieja escuela, cuyas raíces familiares se remontan a su padre, Frank Majuri, quien había sido subjefe de Elizabeth a las órdenes de Nick Delmore. Aunque se vio envuelto, como muchos otros miembros, en la serie de redadas que sacudieron al grupo a finales de los noventa, estuvo muy implicado con los testimonios de los informantes en los tribunales y, en 2000, fue acusado de 19 cargos por varios delitos de juego ilícito, chantaje, extorsión y conspiración para cometer asesinato.

Si bien Majuri siguió siendo un hombre libre a medida que avanzaban los juicios, basándose en sus acusaciones por apuestas y juego ilegal, se le prohibió la entrada a cualquier casino del estado de Nueva Jersey y se vio obligado a permanecer al margen de la organización para evitar más acusaciones e infracciones mientras los casos judiciales siguieran pendientes. Se vio obligado a limitarse a observar cómo El Viejo, Joseph Miranda alias "Joe", luchaba por mantener las cosas a flote. En 2006, Majuri fue finalmente condenado por sus delitos y enviado a prisión, donde permanecería hasta 2009.

Al salir de prisión, Majuri se encontró con una organización cambiada: Con Riggi todavía encerrado y el siciliano Guarraci al mando, el panel de mando hacía tiempo que había sido desmantelado, y la estructura de poder había cambiado una vez más, ya que Miranda había pasado a ser subjefe cuando Majuri fue enviado a prisión. Majuri había sobrevivido a muchas cosas hasta entonces, incluidos múltiples atentados contra su propia vida, los más notables procedentes de su propio círculo íntimo.

Cuando Riggi nombró por primera vez a los chicos que dirigirían el panel de mando, Vinny Ocean y Jimmy Palermo sabían que Majuri había intentado atentar contra ellos. El plan de Majuri se frustró cuando Jimmy Gallo, el hombre al que había contratado, les hizo saber que eran su objetivo en lugar de llevar a cabo el acto.

La respuesta ideada por Vinny Ocean y Jimmy Palermo fue devolvérsela contratando al mismo tipo, Jimmy Gallo, junto con Anthony Capo, el sicario que mató a John D'Amato, para enterrar a Majuri. Este intento de asesinato se vio frustrado cuando Gallo, Capo y Joseph Masella, alias "Joey O", socio de DeCavalcante, se detuvieron para llevar a cabo el acto y, mientras esperaban a que Majuri saliera de su casa, se dieron cuenta de que había un coche de policía estatal aparcado justo al lado.

Viéndose a sí mismo como un superviviente en muchos sentidos, y con las rivalidades de su grupo interno ya fuera de primer plano, Majuri tuvo por fin el mandato de liderar. Pero los sentimientos de traición y desconfianza debieron de permanecer, especialmente el hecho de que la delación de Vinny Ocean y Anthony Capo fue lo que finalmente le llevó a la cárcel. Jimmy Palermo, que también se cruzó con Majuri en el atentado planeado contra él, ya había muerto en 2014, así que no tenía sentido seguir guardando rencor. Además, Majuri ya tenía suficientes asuntos propios sobre la mesa, y era hora de que se pusiera manos a la obra para cimentar el legado de la familia, a veces denigrada pero respetada en general, que presumía de una herencia única nacida y criada en Nueva Jersey, la familia denominada DeCavalcante.

Majuri sigue siendo el jefe de la familia hasta el día de hoy, manteniendo fuertes conexiones que se remontan hasta su padre, Frank, cuya propia historia con la familia se remonta hasta los tiempos del contrabando. Aún está por verse si Majuri es capaz de mantener la relevancia de los DeCavalcante al tiempo que aborda las preocupaciones de sus negocios actuales.

Si bien mucha información sobre la situación actual de la familia y el alcance de sus negocios se mantiene en secreto por razones obvias, los detalles de los negocios actuales y los escándalos del grupo, se describirán en el capítulo 7, en el que se examinarán en la medida de lo posible, sin violar ninguna ley de privacidad y, sobre todo, sin que se ordene un asesinato sobe nuestras cabezas aquí en la *Mafia Library*.

CAPÍTULO 4:
Los chicos Jersey

¿Qué hace a un chico de Jersey? Como descubrirás en este libro, no todo consiste en hablar y vestir como un matón, como algunos estereotipos de la vida italoamericana podrían hacernos creer. De hecho, la historia italoamericana en Nueva York y Nueva Jersey tiene una rica historia cultural, no toda ella adyacente al crimen organizado. La mayoría de los inmigrantes que se arriesgaron y se embarcaron en Ellis Island sólo buscaban una vida mejor y un futuro próspero para sus familias en la tierra de las oportunidades.

Comunidades italoamericanas de Nueva Jersey

La primera ola de inmigración

Los italianos empezaron a emigrar en masa a Nueva York a finales del siglo XIX, empujados por diversos factores, como las dificultades económicas y la inestabilidad política de su país de origen. Muchos de los inmigrantes que llegaron procedían del sur de Italia y se sintieron atraídos por la promesa de mayores oportunidades económicas y un mejor nivel de vida.

Una de las principales razones de la inmigración italiana a Nueva York fue la realidad económica de la Italia de la época. La unificación del país en 1861 tomó los antiguos reinos dispares que formaban la península itálica y los reunió bajo el Reino de Italia. Por primera vez en su historia, los ciudadanos desde Calabria hasta los Alpes italianos estaban sujetos a las mismas leyes y políticas, un impresionante alcance territorial y cultural que situaba a los italianos más pobres del sur en desventaja económica respecto al norte, fuertemente industrializado.

Gran parte del Sur seguía siendo principalmente una sociedad agrícola, y muchas zonas rurales se caracterizaban por la pobreza y la falta de educación. A medida que los motores económicos del Norte experimentaron un periodo de rápida industrialización, los emigrantes del Sur se veían atraídos por estos centros urbanos, lo que provocó un declive del trabajo agrícola tradicional que se realizaba en sus regiones de origen. Esto contribuyó aún más al declive económico de las regiones del sur de Italia, ya que los hombres jóvenes y capaces fueron atraídos hacia otros lugares, y la mano de obra, los recursos y la actividad económica se agotaron.

Mientras algunos emigrantes encontraban oportunidades en el norte de Italia, más rico e industrializado, otros estaban interesados en emigrar a Estados Unidos, que vivía un periodo de enorme crecimiento y expansión económica durante esta época. El mercado laboral de Estados Unidos era mucho mayor incluso que el de la industrializada Italia del Norte, y los hombres jóvenes y aventureros estaban dispuestos a emprender el viaje a esta tierra de oportunidades.

La ciudad de Nueva York era el principal puerto de inmigración para los europeos que cruzaban el Atlántico, y dio la casualidad de que también era un importante centro de florecimiento de la industria y el comercio. Muchos italianos decidieron quedarse en la ciudad una vez traspasadas las puertas de Ellis Island, por considerarla un lugar donde abundaban las oportunidades y donde podrían encontrar trabajos bien remunerados y el mejor nivel de vida que buscaban.

Cuando los italianos llegaron por primera vez a Nueva York, solían aceptar trabajos mal pagados en los sectores industriales de la ciudad, como la industria de la confección y la construcción. Muchos trabajaban como mano de obra no calificada, como obreros en fábricas, estibadores y empleados domésticos. Sin embargo, a medida que las comunidades italianas se fueron asentando en la ciudad, muchos de los inmigrantes empezaron a abrir sus propios negocios y a convertirse en empresarios, creando sus propios enclaves donde asentarse.

Los italianos recién llegados se asentaron en diversos barrios de la ciudad, pero se concentraron especialmente en ciertas zonas, como el Lower East Side y East Harlem. Estos barrios se caracterizaban a menudo por edificios de viviendas superpoblados con malas condiciones de vida, pero también albergaban una comunidad italoamericana vibrante y muy unida. Muchos de estos barrios también tenían un fuerte sentido de comunidad e identidad cultural, con muchos negocios, iglesias y clubes sociales de propiedad italiana.

A medida que avanzaba el siglo XX, los inmigrantes italianos de primera generación y sus familias empezaron a marcharse de estos barrios a otras partes de la ciudad, a los barrios periféricos de Nueva York y a Nueva Jersey.

Elizabeth y Newark

Las ciudades vecinas de Elizabeth y Newark dividen los condados de Unión y Essex a lo largo de la frontera marítima compartida de la bahía de Newark. Según datos históricos, estas zonas ya empezaban a albergar importantes poblaciones de inmigrantes italianos a finales del siglo XIX. Un mapa topográfico de 1890 muestra que había más de 1.000 italianos viviendo en el condado de Essex y entre 500 y 1.000 viviendo en el condado de Unión (New Jersey Italian and Italian American Commission, 2010).

En general, el Nueva Jersey de esa época sería casi irreconocible hoy en día, ya que sigue presentando tierras agrícolas en expansión y vastos espacios abiertos. Pero, si bien esto era cierto para el estado en general, las ciudades de Newark y Elizabeth ya eran densos centros urbanos fuertemente industrializados, incluso a mediados del siglo XIX, cuando los primeros inmigrantes italianos comenzaron a llegar a América. De hecho, estas ciudades portuarias eran importantes centros de comercio desde 1660, y contaban con una larga historia como centros industriales de fabricación y transporte.

La afluencia de inmigrantes italianos a los condados de Essex y Unión comenzó a finales del siglo XIX y continuó hasta principios del siglo XX, llegando la mayoría entre 1890 y 1920. Newark y Elizabeth, por su proximidad a Nueva York y sus florecientes economías industriales, resultaron ser destinos atractivos para los inmigrantes recién llegados. En Newark, las crecientes industrias manufacturera y de la construcción, proporcionaron empleo a los inmigrantes italianos, mientras que en Elizabeth, muchos encontraron trabajo en el puerto de la ciudad y en las cercanas líneas de ferrocarril.

A medida que crecía el número de inmigrantes italianos en Newark y Elizabeth, también lo hacía el número de empresas y organizaciones italoamericanas en estas ciudades. Las tiendas de comestibles, cafeterías y panaderías italianas eran habituales, y muchos inmigrantes también abrieron sus propios negocios, como barberías y sastrerías. También se crearon clubes sociales italoamericanos, como el *Ribera Club* de Elizabeth, que proporcionaban un sentimiento de comunidad y apoyo a los inmigrantes. Los inmigrantes italianos que se asentaron en el núcleo industrial de Nueva Jersey se enfrentaron a muchos retos mientras se adaptaban a la vida en un nuevo país.

Las barreras lingüísticas, la discriminación y la pobreza, eran problemas comunes a los que se enfrentaban. A pesar de estas dificultades, muchos inmigrantes italianos lograron llevar una vida exitosa en Newark y Elizabeth, y sus contribuciones a estas ciudades fueron significativas. Los inmigrantes italianos que se establecieron allí también hicieron contribuciones duraderas al panorama político y cultural de las ciudades. Muchos políticos y líderes cívicos italoamericanos surgieron de estas comunidades, al igual que muchos mafiosos.

En Newark, una de las zonas a las que acudían los inmigrantes italianos fue el North Ward, donde muchos se asentaron y establecieron negocios. En North Ward, también se celebraba el mayor festival italoamericano del estado, la Fiesta del Monte Carmelo, que festejaba a la patrona de la comunidad italoamericana del North Ward. El evento se celebraba anualmente y atraía a miles de visitantes de todo el estado.

En Elizabeth, el barrio Peterstown, era el corazón de la comunidad italoamericana. El barrio albergaba muchos negocios italoamericanos, como panaderías, carnicerías y restaurantes. El barrio también albergaba la iglesia de San Antonio de Padua, la mayor iglesia italoamericana de Elizabeth.

En 1930 comenzó en el barrio Peterstown la fiesta inaugural en honor a *San Rocco*, que seguiría siendo un acontecimiento siempre esperado y muy concurrido durante muchos años. La fiesta de San Roque fue ideada por Vincenzo Gogliardo, un inmigrante italiano que trajo a Elizabeth la tradición de honrar a San Roque desde su pueblo natal, Savoia di Lucania, en la provincia italiana de Potenza.

El evento, que se celebraba durante el fin de semana posterior al 16 de agosto, fecha exacta de la festividad de San Roque, pasó de ser un pequeño acto celebrado frente a la casa de Gogliardo a una celebración de tres días que se trasladó a la calle Spencer. Durante años, fue el mayor festival del condado de Union, aunque lamentablemente dejó de celebrarse en 1988.

Ribera Club y otros lugares de reunión

Aunque la querida fiesta de San Roque acabó en 1988, la presencia de clubes sociales italianos y otras organizaciones continuó en la zona, algunas sobreviven hasta hoy en día. El *Ribera Club* es uno de ellos. Fue el local que el jefe de la familia DeCavalcante, Francesco Guarraci, alias "Frank", dirigió desde 1989 hasta su muerte en 2016. La ubicación original de la sede del club estaba en el 620 de la Tercera Avenida, en la esquina con la calle John, en Elizabeth.

El edificio que hoy alberga el *Ribera Club* se construyó en el solar de 412-416 Palmer Street (aunque según Google Maps, la dirección del edificio actual es 406), y data de 2008. Sin embargo, la historia del club se remonta a mucho antes de la época de Guarraci, incluso a la época anterior al nacimiento de la familia DeCavalcante, cuando Stefano Badami se hizo cargo del conjunto de las familias Elizabeth-Newark después de que el jefe de Newark, Gaspare D'Amico, huyera para salvar su vida.

El club fue fundado en 1923 por inmigrantes que llegaron a Elizabeth desde la ciudad de Ribera, en Sicilia. Cuando Francesco "Frank" Guarraci, natural de Ribera, se hizo cargo de él en 1989, debió de representar un círculo completo para muchos miembros del grupo. El hecho de que un inmigrante siciliano más joven se hiciera cargo de las operaciones del club, conectó la actualidad con el pasado del grupo y la herencia cultural compartida.

Estas conexiones de sangre probablemente ayudaron a consolidar el éxito de Guarraci como jefe de la familia DeCavalcante y también ayudaron a consolidar aún más su posición tanto dentro del club como de la familia. Como ya se ha mencionado, Guarraci ya gozaba de buena reputación y era conocido por ser un líder justo y ecuánime, justo lo que la familia necesitaba, con Riggi todavía encerrado y la estabilidad dentro del clan en constante cambio como lo había sido a lo largo de casi toda su historia.

Cuando Guarraci se convirtió en un elemento importante del *Ribera Club* a finales de la década de 1980, el club todavía se encontraba en su antigua sede, en el 620 de la 3ª Avenida. En el momento en que se planificó la construcción de la nueva estructura en Palmer Street, Guarraci ya era gerente del *Ribera Club* y acababa de empezar a ejercer su poder como jefe de la familia DeCavalcante.

El hecho de que Guarraci asumiera el poder en 2006 y esta nueva casa club surgiera sólo 2 años después, sugiere que podría haber sido un proyecto personal del propio Guarraci y que, durante el tiempo que gestionó el espacio de la 3ª Avenida, podría haber estado pensando en trasladar el club a una mejor ubicación durante algún tiempo. Situado estratégicamente al final de un callejón sin salida, el agente encubierto "Giovanni Rocco" mencionó en su libro *El anillo de Giovanni* que sólo había una puerta de entrada y otra de salida en el 406 de Palmer Street (aunque este dato no está verificado y, de ser cierto, probablemente no se ajustaría a los estrictos códigos de incendios locales).

La cinta se cortó para la gran inauguración de este nuevo edificio el 21 de septiembre de 2008, con motivo de la celebración del 85 aniversario del *Ribera Club*. En el número de agosto-septiembre de 2008 de *Around About Peterstown*, un periodicucho local publicado por Joe Renna y el Club Deportivo Hijos de Peterstown, se describen las nuevas instalaciones del *Ribera Club* como "la nueva sede de la organización, con una sala de juegos, una cafetería y una sala de reuniones que podía utilizarse para actos sociales" (*"Ribera Club Celebrates"*, 2008, párr. 2). El boletín bimestral también mencionaba que la parte trasera del edificio contaba con un patio exterior con un horno de pizza de ladrillo.

El modesto edificio con fachada de ladrillo y columnas de pilares blancos ligeramente audaces, fue uno de los modestos pero importantes logros durante la etapa de Guarraci como jefe, y aún hoy se reconoce como la sede no oficial de la familia DeCavalcante. Aunque en la descripción del edificio que aparece en *Around About Peterstown* se menciona el plan del club de utilizar parte de sus 4.000 pies cuadrados como aula para impartir clases de lengua italiana e historia, no se sabe mucho de lo que ocurre realmente en el interior del espacio hoy en día.

La imagen pública del *Ribera Club* es la de una organización de patrimonio cultural, no la de la sede de un sindicato del crimen. Al patrocinar actos para recaudar fondos en beneficio de programas de becas, el club proyecta una imagen de organización responsable y socialmente comprometida, pero los conocedores, tanto de dentro como de fuera de la comunidad, saben que el lugar es el centro de reunión de la mafia por ser la sede de la familia DeCavalcante.

En cuanto a los diversos tipos de negocios de la Mafia que ocurren dentro del edificio, se ha sugerido que podría servir como centro de operaciones de reclutamiento para la familia, especialmente cuando se trata de llevar a los chicos directamente desde Sicilia. Así que, si el personaje de *Los Soprano* Furio Giunta, nacido en Nápoles, fue un recluta real de la familia DeCavalcante, probablemente habría pasado por las columnas del *Ribera Club* como una de sus primeras paradas recién bajado del avión.

Para mantener a raya a las fuerzas del orden, y probablemente en un auténtico gesto de servicio a la comunidad, el club funciona como un negocio legítimo, alquilando su espacio como salón de actos y eventos para fiestas privadas. A pesar de que el club era un conocido lugar de reunión de mafiosos y parece desempeñar un papel importante en el proceso de reclutamiento de Sicilia-Elizabeth, no es el único lugar de la ciudad al que acuden los hombres de DeCavalcante para relajarse y socializar con otros miembros y socios.

Según Giovanni Rocco, seudónimo de un agente infiltrado en la familia DeCavalcante, existía otro local al que frecuentaban los DeCavalcante. Éste se parecía un poco más al que frecuentaba Tony en la parte trasera de la Pork Store de Satriale, con mesas de póquer y persianas horizontales para bloquear cualquier mirada intrusa.

En una colisión autorreferencial de metafuerzas, Rocco también informó de que las paredes de este local más discreto de los DeCavalcante estaban llenas de posters de *Los Soprano* y otros objetos relacionados con la Mafia (Rocco & Schofield, 2021), lo que demuestra una vez más que la familia DeCavalcante no sólo era consciente de las conexiones con *Los Soprano* que otros habían señalado y que ya se habían comentado en el seno de la familia, sino que algunos también eran lo bastante fans de la serie como para cubrir las paredes de su local con recuerdos de *Los Soprano*.

Las leyes de la calle

Los inmigrantes sicilianos que se asentaron en las ciudades de Elizabeth y Newark a finales del siglo XIX y principios del XX establecieron su propio conjunto de leyes para gobernar sus comunidades. Estas leyes se basaban a menudo en costumbres y valores tradicionales sicilianos y eran aplicadas por los líderes de la comunidad. Su objetivo era mantener el orden y proteger los intereses de la comunidad. A menudo mediante estrictos códigos de honor y conducta personal, como la *omertà* (Ley del silencio), los sicilianos se gobernaban a sí mismos al tiempo que protegían a sus comunidades de injerencias externas.

Aunque el uso de la violencia no era un principio básico que guiara a estos inmigrantes de principios, no temían utilizarla cuando era necesario. Este planteamiento de autogobierno, autovigilancia y ajuste de cuentas dentro de la comunidad, solía ser considerado sospechoso por los forasteros, que no estaban familiarizados con las normas y valores culturales de la comunidad siciliana.

La cultura insular y centrada en la familia de los inmigrantes sicilianos, contribuyó a su reputación de desconfiados o, a veces, incluso supersticiosos para los de fuera. A menudo formaban comunidades muy unidas basadas en lazos familiares y eran conocidos por su feroz lealtad a sus familias y a su comunidad. Este fuerte sentido de la lealtad y la comunidad, a menudo les hacía parecer cerrados e inaccesibles para los estadounidenses, que ya llevaban en el país un par de generaciones, así como para otras comunidades de inmigrantes, que podían percibir a los sicilianos como particularmente reacios a integrarse en la sociedad estadounidense. Su adhesión a costumbres y creencias tradicionales, como el uso de prácticas curativas populares, también puede haber contribuido a que los forasteros los percibieran como supersticiosos.

Las leyes de las calles establecidas por los inmigrantes siciliano-estadounidenses de la época, eran diferentes de las que otros estaban acostumbrados y sin duda, fueron factores que contribuyeron a la forma en que eran percibidos por los forasteros. Esto llevó a las comunidades sicilianas a enfrentarse en ocasiones a la dura realidad de la discriminación, incluso procedente de otros grupos de inmigrantes italianos. Aunque la gran mayoría de los inmigrantes italianos que llegaron a Nueva York y Nueva Jersey procedían del sur de Italia, no siempre mostraban solidaridad entre sí, ya que cada uno procedía de lenguas, culturas y tradiciones distintas y únicas.

El crimen organizado en Nueva Jersey

La historia de la delincuencia organizada en Nueva Jersey se remonta a los primeros tiempos y a la llegada de inmigrantes italoamericanos a la ciudad de Nueva York. Estos inmigrantes trajeron consigo una tradición de sociedades secretas y organizaciones delictivas, que acabarían evolucionando hasta convertirse en los grupos de delincuencia organizada modernos que se conocen hoy en día.

Uno de los primeros grupos de delincuencia organizada conocidos en Nueva York fue la Mano Negra, una sociedad secreta que operaba a principios del siglo XX. La Mano Negra estaba formada por inmigrantes italoamericanos y se dedicaba a extorsionar a otros inmigrantes y a cometer otros delitos. El grupo era conocido por su uso de la violencia y sus tácticas intimidatorias y acabó siendo desarticulado por las fuerzas del orden en la década de 1920.

Mientras las familias de Elizabeth y Newark se enfrentaban en Nueva Jersey, culminando con la expulsión de D'Amico de Newark, al otro lado del río, en el centro de Manhattan, existía otro grupo de delincuencia organizada llamado la banda de Five Points, que estuvo activa en las décadas de 1920 y 1930. La banda fue fundada por el italoamericano Paul Kelly (nombre real: Paolo Antonio Vaccarelli) y estaba formada por inmigrantes de varias nacionalidades, aunque la mayoría eran irlandeses. Se dedicaban a diversas actividades delictivas, como la extorsión, el chantaje y el asesinato. Muchos mafiosos famosos, como Al Capone, Lucky Luciano y Meyer Lansky, se iniciaron como miembros de esta banda.

En la época posterior a la Segunda Guerra Mundial, el panorama del crimen organizado en Nueva Jersey empezó a inclinarse hacia grupos de delincuencia organizada más tradicionales, como la Mafia. No fue hasta esta época cuando la familia DeCavalcante empezó a ser ampliamente conocida en toda la zona, aunque sus orígenes se remontaban a los tiempos del contrabando de la familia Elizabeth-Newark bajo el mando de Stefano Badami.

Para cuando Sam el Fontanero entró en escena, la familia DeCavalcante era considerada el grupo delictivo organizado más poderoso y conocido de Nueva Jersey. Conocidos por su participación en una amplia gama de actividades delictivas, como el chantaje, la extorsión y el asesinato, eran temidos en todo el estado. Durante esta época, las Cinco Familias de La Cosa Nostra también operaban con fuerza en Nueva Jersey, en particular la familia Gambino. Los Gambino, que controlaban muchas de las actividades delictivas del estado, ejercían un férreo control sobre el sector de la construcción y también sobre los sindicatos, lo que les ayudaba a ganar dinero y blanquear sus ganancias ilegales.

Con el tiempo, la familia Gambino se dedicaría a arrebatar el poder a otras familias que operaban en Nueva Jersey bajo el mando del famoso capo John Gotti. La llegada al poder de

Gotti en 1985 conduciría a una usurpación de la autonomía de la familia DeCavalcante a partir de finales de los 80 y a arrebatos de poder de negocios y territorio con otras familias del crimen de LCN, como la familia Genovese.

En los últimos años, las fuerzas del orden han realizado importantes avances en el desmantelamiento de grupos de delincuencia organizada en Nueva Jersey. En la década de 1980, la "Operación Ironclad" del FBI se centró en la familia delictiva DeCavalcante y otros grupos de delincuencia organizada de Nueva Jersey, lo que condujo a la detención y condena de numerosos miembros de alto rango. En los años siguientes, el gobierno continuó sus esfuerzos para combatir el crimen organizado, incluido el uso de la Ley RICO (*Racketeer Influenced and Corrupt Organizations*, Organizaciones Corruptas e Influenciadas por el Chantaje), para perseguir y procesar a los grupos de delincuencia organizada.

En general, la historia del crimen organizado en Nueva Jersey es compleja y continua. Desde los primeros tiempos de la Mano Negra y la Banda de los Cinco Puntos, pasando por los poderosos grupos de delincuencia organizada de mediados del siglo XX, hasta los continuos esfuerzos del Gobierno por combatir la delincuencia organizada en los últimos años, el Estado ha sido testigo de una amplia gama de organizaciones y actividades delictivas. Aunque las fuerzas del orden han logrado importantes avances en el desmantelamiento de estos grupos, la realidad es que la delincuencia organizada sigue teniendo una presencia significativa en el Estado Jardín.

CAPÍTULO 5:
Las Cinco Familias y sus conexiones

En el informe de 2004 *"The Changing Face of Organized Crime in New Jersey"* (El rostro cambiante de la delincuencia organizada en Nueva Jersey), publicado por la Comisión de Investigación del Estado de Nueva Jersey, se hace referencia a las "Siete Familias" de la región de Nueva York, Nueva Jersey y Filadelfia. Al incluir a la familia DeCavalcante, así como a la familia Bruno (también conocida como familia Bruno-Scarfo, también conocida como la familia del crimen de Filadelfia), los autores del informe se tomaban ciertamente algunas licencias creativas al nombrar a estos grupos más pequeños como si compartieran la misma posición que las Cinco Familias, aunque no les faltaba razón para hacerlo.

La familia DeCavalcante nunca consiguió un puesto en la Comisión de La Cosa Nostra, el órgano de gobierno que incluía a miembros de las familias Gambino, Lucchese, Colombo, Bonanno y Genovese. Sin embargo, su inclusión en el informe del Estado de Nueva Jersey como la "Sexta Familia" reconoce no sólo su larga historia, sino también su presencia continua en la región y sus contribuciones

71

constantes a la configuración de la delincuencia organizada moderna en el Estado Jardín.

Sam el Fontanero siempre tuvo la esperanza de que la Comisión aceptara plenamente en su seno a la familia que tanto esfuerzo le costó modernizar, y así fue en su mayor parte. Sin embargo, al negarse constantemente a ser miembros de pleno derecho, las Cinco Familias siempre consiguieron mantener a la familia de "granjeros" de Nueva Jersey a distancia. Aunque es probable que estas medidas no se tomaran para usurpar la autonomía de los DeCavalcante, sino más bien en aras de una colaboración continua con la pequeña familia de Jersey, acabaron, en muchas ocasiones, comprometiendo la independencia del grupo y cultivando sentimientos de ligera inadecuación entre sus miembros.

Bajo la bandera de los Gambino

A principios y mediados de los noventa, la familia Gambino y su capo, el mismísimo John Gotti, eran nombres muy conocidos. La mafia neoyorquina, a la que se hacía referencia en programas de televisión y rutinas cómicas, había encontrado el centro de atención en el mundo del espectáculo, preparando el terreno para la colisión de la cultura pop que se produciría más adelante en la década, cuando las similitudes entre los criminales de la vida real de la familia DeCavalcante y los personajes de *Los Soprano* se harían más evidentes y empezarían a difuminar las líneas que dividen la TV de la realidad.

Gotti era una presencia carismática y ostentosa en Nueva York, como un punto y aparte de la década de 1980, más brillante y llamativa. Al igual que Donald Trump, que en aquella época aún disfrutaba de las bendiciones de la prensa sensacionalista neoyorquina para sus relaciones públicas gratuitas, John Gotti era otro delincuente con garbo que, por las razones que fueran, conectaba con el público de la época y alimentaba sus fantasías colectivas en torno al encanto de los negocios y el crimen.

Mientras que el juego de Trump eran los bienes raíces y los "negocios", el juego de Gotti también eran los "negocios", excepto que los suyos eran de naturaleza casi exclusivamente ilícita y a menudo acababan con gente a golpes. Aunque Trump acabó metiéndose en sus propias tramas ilegales, aún no ha incursionado en las técnicas de un auténtico matón y ha empezado a ordenar golpes a la gente, al menos de momento.

Desde su sonrisa característica hasta sus trajes Armani a la moda, la presencia y el estilo de Gotti se convertirían en un punto de inspiración para los estilistas de la televisión y el cine durante toda esa década. Desde *"Casino"* a *"Goodfellas"*, e incluso a películas cómicas como *"Analyze This"*, la sastrería, los gestos y el lenguaje corporal, los *"eewws"*, los *"eeyys"* y los *"stugotses"* procedían y se recirculaban en el ciclo de la cultura dominante. Si alguna vez has entrado en una bocatería y ha visto un bocadillo de *gabagool* en el menú, ya has experimentado este fenómeno, que hunde sus raíces en la fascinación por la mafia de los años noventa.

Johnny "Sack" Sacrimoni es uno de esos personajes de *Los Soprano* con los que los fans no pueden evitar identificarse. Jefe de la familia Lupertazzi, parece un tipo bastante simpático con un comportamiento casi siempre ecuánime, mientras que su estilo clásico procede claramente del modelo Gotti. Siempre con trajes bonitos y nunca con demasiado producto para el pelo, como los aspirantes Silvio Dante y Paulie Walnuts, Johnny Sack es un tipo bastante sencillo con una forma de vestir elegante y clásica.

Sin embargo, nosotros decimos que es sobre todo ecuánime: como recordarán los fans de *Los Soprano*, cuando Ralph "Ralphie" Cifaretto hace una broma desagradable sobre el peso de su mujer, Johnny Sack se pone completamente *furioso* con él, hasta el punto de que casi ordena que le peguen a Ralphie. Al descubrir que su dulce Ginny -de talla grande- ha estado escondiendo caramelos, Johnny Sack decide cancelar el trabajo.

Aunque Johnny Sack se vistiera de forma parecida a él, el verdadero mafioso John Gotti no era tan buen tipo, y era mucho más llamativo y atraía más la atención, características que acabarían por hundirlo. Aunque la relación entre la familia DeCavalcante y la familia Gambino es anterior a la llegada de Gotti al poder en 1986, una vez que Gotti asumió el control de la organización, encontró un amigo en el jefe de la familia DeCavalcante, John Riggi.

Se dice que Gotti y Riggi mantenían una estrecha relación personal, hasta el punto de que cuando Gotti tenía algún problema, Riggi aprovechaba la oportunidad para ayudar a su colega. Aunque Riggi se desvivía por Gotti, estos favores no solían serle devueltos.

La relación entre la familia Gambino y la familia DeCavalcante se definía por los mismos sistemas y códigos basados en el clientelismo que los inmigrantes sicilianos importaron a América cuando llegaron. Aunque existía un respeto mutuo, y los Gambino y las demás organizaciones de las Cinco Familias reconocían y validaban la autonomía de los DeCavalcante, seguía existiendo un claro desequilibrio de poder entre el sindicato del crimen más grande y organizado y la banda de matones de Jersey, más pequeña y rudimentaria.

El enfoque de Riggi a la hora de trabajar con Gotti era diplomático e incluso amistoso, pero su relación seguía manteniéndose a base de hacer muchas concesiones, situando a la familia DeCavalcante en el nivel inferior claramente definido que siempre habían ocupado. Gotti seguía refiriéndose a los chicos de Riggi como "nuestro equipo de la granja" (Zambito, 2015, párr. 15), y hacia la última parte de la década de 1980, Gotti comenzaría a invadir más fuertemente la autonomía de la familia DeCavalcante.

Anthony Rotondo, la rata informante y el tipo cuyos jugosos chismes enviaron al mafioso gay John D'Amato a una tumba prematura, testificó ante el tribunal, diciendo que alrededor de la época en que su padre, Vincent "Jimmy" Rotondo, fue abatido a tiros en 1988, Gotti empezó a acercarse a la familia. Sugiriendo que la familia DeCavalcante bajo el mando de Riggi, había sido previamente leal a la familia Genovese, Rotondo observó que los Gambino, bajo el nuevo capo John Gotti, habían expresado un fuerte deseo de reclamar a la familia DeCavalcante como propia.

Hablando de una reunión entre Riggi y Gotti que tuvo lugar en la funeraria tras la muerte de su padre, Rotondo testificó además que Riggi estaba "blanco como el papel" tras salir de esta reunión (Zambito, 2015, párr. 19), durante la cual Gotti supuestamente había informado a Riggi que se iban a realizar algunos cambios: La familia DeCavalcante pasaría a funcionar oficialmente bajo la bandera de la familia criminal Gambino.

En la primavera de 1988, John D'Amato actuaba como enlace entre Gotti y la familia DeCavalcante, función que había desempeñado anteriormente el padre de Rotondo, Vincent, hasta que fue abatido a tiros. Durante el verano de ese año, D'Amato se reunía regularmente con el jefe de los Gambino, John Gotti, en el *Ravenite Social Club* de Manhattan. Se cree que fue durante una de estas reuniones cuando Gotti se enteró de las prácticas de iniciación que había estado utilizando la familia DeCavalcante.

En lugar de utilizar el método tradicional de pinchar el dedo del iniciado, derramar su sangre sobre la imagen de un santo, quemar la imagen y recitar un juramento verbal, la familia DeCavalcante sólo observaba la parte del juramento verbal de la ceremonia. Al renunciar a los rituales de sangre y a la imaginería ocultista que seguían vinculando las ceremonias de iniciación de LCN a la *benedecaria*, los tradicionales rituales católicos de magia popular que se practicaban en el sur de Italia y sobre todo en Sicilia, los DeCavalcante optaron por un enfoque más informal y moderno a la hora de iniciar a los chicos en su redil.

Al enterarse de estas reformas implementadas por D'Amato, Gotti se sintió decepcionado. Anthony Rotondo fue convocado para hablar con Riggi, quien expresó su preocupación por que los miembros de la familia DeCavalcante filtraran secretos a los Gambino. Según Rotondo, Riggi sospechaba que fue D'Amato quien filtró la información privilegiada sobre las prácticas de iniciación de la familia. Vinny Ocean Palermo, que por aquel entonces era un soldado a las órdenes de Rotondo, señaló a otro implicado en la filtración, el también soldado DeCavalcante Daniel Annunziata.

Fuera quien fuera el que filtró el procedimiento de iniciación, Riggi, que quería mantener las buenas relaciones con Gotti, ordenó que se reincorporase a una parte importante de la familia DeCavalcante cumpliendo con la tradición original. En 1988 se celebraron dos ceremonias de reincorporación en el sótano de una residencia de Nueva Jersey, presididas por John Riggi, Stefano Vitabile y el capitán Paolo "Paul" Farina ("DeCavalcante Family Re-Induction Ceremonies", 2018).

Gotti era un tipo detallista, algunos incluso podrían decir que era un micro director, como resulta evidente en este alboroto sobre los detalles de las prácticas de iniciación de los DeCavalcante. Aunque no se sabe cuál fue la motivación que le llevó a intentar reclamar a los DeCavalcante como suyos, es posible que tenga sus raíces en una disputa con el jefe de la familia Genovese, Vincent Gigante, alias "El Barbilla". Era un enemigo acérrimo de John Gotti e incluso había intentado llevar a cabo un atentado contra el "Don de Teflón".

Tanto si la razón por la que Gotti intentó reclamar a la familia DeCavalcante como propia se basaba en la hostilidad que existía entre Gigante y él, como si había alguna otra motivación estratégica detrás de la maniobra, es evidente en sus conversaciones con Riggi y en su opinión sobre los detalles de las prácticas de iniciación de DeCavalcante que Gotti tenía a la familia de Jersey en su punto de mira desde finales de la década de 1980.

El dilema Genovese

Vincent Gigante, alias "The Chin", enemigo de John Gotti, era un antiguo boxeador y líder de la familia Genovese que, desde 1969, fingía estar loco para evitar cumplir más tiempo en prisión por su condena de 1959 por traficar con heroína. Tras salir en libertad condicional y pasearse en bata por Greenwich Village, Gigante consiguió convencer durante 30 años a las fuerzas del orden de que estaba loco de remate.

Imagínense la escena del episodio de la quinta temporada de *Los Soprano* en la que Junior Soprano, en una escapada inducida por el Alzheimer, consigue huir en bata y salir a pie para dar una vuelta por su antiguo barrio de Nueva Jersey, el North Ward de Newark. Detenido más tarde por la policía mientras cruzaba el puente de Clay Street, Junior es devuelto a su casa, donde Janice Soprano y Bobby Bacala, preocupados, se encargan de comunicar a Tony la desafortunada noticia de que las facultades mentales de su tío se están desvaneciendo.

Los desvaríos de Junior, inspirados en su demencia, son el tipo de cosas que el mafioso de la vida real Vincent Gigante haría todos los días, pero en su caso, todo era una farsa: Gigante sabía que si se descubría que estaba loco, no sería devuelto a la cárcel. Por ello, la prensa le apodó "el padrino abuelo" ("The Oddfather") y "el enigma en bata". Aunque seguía fingiendo estar loco, Gigante era totalmente capaz de dirigir las cosas, y siguió siendo el líder de la familia Genovese hasta su fallecimiento en 2005.

Aunque la implicación exacta y el grado de influencia de los Genovese en los negocios de DeCavalcante hasta que Gotti intentó hacerse con el control del grupo no están claros; lo que sí se sabe es que una vez que Gotti fue encerrado en 1992, Gigante se autoproclamó o fue etiquetado externamente como el "jefe de todos los jefes", aunque ese título oficial no existía desde el asesinato de Salvatore Maranzano en 1931. Si esto sugiere que los intereses de DeCavalcante estaban de nuevo en el campo de juego de la familia Genovese, el momento de esta jugada habría puesto a la familia Genovese en ventaja, con John D'Amato recientemente liquidado y tanto Riggi como Gotti camino a la cárcel.

No están claros los detalles sobre si Gigante aprovechó el vacío de poder que se produjo en la familia DeCavalcante en 1992, ya que las pruebas sugieren que Riggi permaneció leal a su amigo John Gotti y a los Gambino. Lo que sí se sabe con certeza es que la familia Genovese había controlado durante mucho tiempo los muelles de Bayona y el sindicato de estibadores, y la familia DeCavalcante aparecía a menudo en los tratos dentro de estas áreas de negocio de la Mafia a lo largo de su historia.

Los sindicatos de la Terminal Marítima Militar de Bayona estaban controlados por un miembro de la familia Genovese llamado John DiGilio, hasta que las fuerzas de seguridad tomaron medidas enérgicas contra su actividad en los puertos y acusaron a DiGilio y a otros miembros de chantaje. Aunque DiGilio pudo eludir los cargos, los demás fueron encerrados, y esto fue en última instancia lo que llevó a los Gambino a hacerse con el control de los muelles (Rocco & Schofield, 2021). Si bien aparentemente la familia Genovese había perdido el sindicato de estibadores en favor de los Gambino, la familia DeCavalcante se beneficiaría de una participación ininterrumpida en la actividad sindical de los muelles gracias a su amistosa asociación con ambas familias.

Se decía que el capo de la mafia Charlie Stango mantenía buenas relaciones y tenía una serie de conexiones con la familia Genovese (Rocco & Schofield, 2021) que probablemente se mantuvieron hasta que fue acusado en 2015 y encarcelado dos años después.

Aunque en general Stango tenía buenas relaciones con la familia Genovese, con los Gambino no tenía elección. Se vio obligado a atenerse a los lazos y obligaciones preexistentes que le precedían. Desde la reunión de Riggi con John Gotti a finales de la década de 1980, la confianza y la lealtad de la familia DeCavalcante hacia la gran familia de Nueva York estaba básicamente grabada en piedra.

Stango parecía igualmente contundente en su resentimiento, ya que se mostraba firme en su renuente aceptación de que la familia DeCavalcante se había convertido esencialmente en un satélite de los Gambino. En cuanto a sus conexiones con otros grupos de Nueva York, incluidas las familias Lucchese y Colombo, seguían siendo sólidas.

Los tratos de Stango con las familias Lucchese y Colombo

Se dice que Charlie Stango, *caporegime* de DeCavalcante, mantenía una estrecha relación con Ralph V. Perna, el antiguo capo de los Lucchese que se encargaba de todas las operaciones de la familia en Nueva Jersey. El hijo de Ralph Perna, Joseph Perna, alias "Little Joe", también era amigo del capo DeCavalcante, afincado en Las Vegas. En su libro *El Anillo de Giovanni,* el agente encubierto Giovanni Rocco describió un encuentro con Little Joe Perna en términos poco halagüeños: "Perna era alto y larguirucho, pero parecía más un vendedor de coches usados que un capo de la mafia. A pesar de su aspecto poco atractivo, sabía que era un pesado de los Lucchese" (Rocco & Schofield, 2021, p. 73).

Little Joe Perna saltó a los titulares en 2020 por agredir al ex marido de una de las estrellas de *"The Real Housewives of*

New Jersey", Dina Cantin, y, 10 años antes, estuvo bajo la lupa de los investigadores estatales por irregularidades en sus ingresos y ahorros. Little Joe y su hermano, John Perna, fueron reclutados como soldados de Lucchese en su casa de Toms River, Nueva Jersey, en 2007. También operaba con frecuencia en Toms River la banda de Charlie Stango, incluido su hijo Anthony, por lo que cabe suponer que todos ellos eran vecinos bien avenidos con muchos intereses coincidentes.

Ralph V. Perna, junto con sus 2 hijos, Little Joe y John Perna, fueron encarcelados en 2016 por cargos de juego ilegal, recibiendo condenas de entre 8 y 10 años. Un total de 34 individuos habían sido imputados en la acusación de 2010 que condujo a sus condenas. Los federales alegaron que Perna y sus dos hijos eran los cerebros de una red de apuestas de escala asombrosa, con unos 2.200 millones de dólares en apuestas realizadas en el transcurso de una investigación de 15 meses (Santolo, 2016). Los tres hombres se declararon culpables y fueron enviados a prisión.

La familia Colombo fue otra conexión durante el mandato de Stango como capo a distancia de la familia DeCavalcante, con sede en Nueva Jersey. Una vez que el agente encubierto Giovanni Rocco se infiltró en la banda de Stango, descubrió que lo que en un principio se pensaba que era solo una investigación dirigida contra el narcotraficante James Heeney, conocido como "Jimmy Smalls", con sede en Elizabeth, se estaba convirtiendo en una operación a gran escala en la que ahora estaban implicadas otras familias de LCN.

Al describir una reunión que tuvo lugar entre miembros del clan en el que se infiltró y la familia Colombo sobre una propuesta para colaborar en un plan de transporte marítimo, Giovanni Rocco descubrió un vínculo vivo entre la familia que había fundado Joe Profaci y la actual organización DeCavalcante. Aunque la relación con los Colombo había sido escabrosa en los primeros tiempos de la familia Elizabeth-Newark, ahora las cosas habían cerrado el círculo y se mostraban abiertos a olvidar viejas rivalidades y a trabajar por intereses comunes.

El encuentro de Rotondo con la familia Bonanno

Las conexiones de la familia Bonanno con la familia DeCavalcante representaron otra fuente de información descubierta a partir del testimonio ante el tribunal del conocido soplón Anthony Rotondo. Aunque no habrían sido necesariamente útiles para ayudar a los fiscales a formar sus casos contra los criminales, algunos de los pasajes más anecdóticos del testimonio ante el tribunal nos dan una idea de las relaciones sociales entre las distintas familias.

Presuntamente, un día Rotondo había visitado un parque de atracciones de Staten Island y vio al capo de la familia Bonanno, Richard Cantarella, alias "Shellackhead". Al mirarse y medirse, ambos supieron que el otro era un mafioso. Rotondo, el infiltrado, decidió romper el hielo y se lanzó a entablar conversación con Cantarella, sabiendo que seguro que tenían contactos e intereses comerciales comunes.

Intuyendo que Cantarella podría ser un tipo Bonanno, Rotondo decidió dar un paso audaz, preguntándole si conocía a Anthony Graziano, "T.G.", otro capo de los Bonanno que

Rotondo tenía interés en conocer. Cantarella respondió que conocía al tipo, pero como habría roto el protocolo si hubiera dicho directamente que lo conocía a través de sus conexiones "de negocios", se limitó a responder "sí", que conocía al tipo. Cantarella respondió preguntando si Rotondo conocía a Danny Annunziata (Capeci, 2005), un capo de la familia DeCavalcante de Staten Island que poseía varios gimnasios y vivía en una mansión de cuatro millones de dólares (Smith, 2003).

Los dos tipos, que habían tenido un encuentro fortuito en el parque de atracciones aquel día, tuvieron que encontrar la manera de sortear los estrictos códigos de las presentaciones intrafamiliares, así que se las arreglaron para que Graziano los presentara (aunque ya se habían conocido en el parque de atracciones aquel día). Sólo entonces pudo Rotondo presentar a su nueva amiga a Annunziata (Capeci, 2005).

Este tipo de normas en la comunicación y el respeto de las jerarquías implicadas en las presentaciones entre las distintas familias del crimen de Nueva York y Nueva Jersey, ponen de manifiesto la dificultad que tenían incluso los miembros de alto rango para establecer un diálogo y relaciones de trabajo con los mafiosos de otras familias. Estas formalidades, sin embargo, no impidieron que estas dos familias trabajaran juntas, como demuestra la implicación de los socios de DeCavalcante en una trama de inversiones que resultará familiar a cualquier fan de *Los Soprano*.

El rey de Wall Street

La estafa de Christopher Moltisanti en la segunda temporada de *Los Soprano* es un buen ejemplo de cómo funciona la mafia de guante blanco. Tras pagar a un profesional para que hiciera el examen de agente de bolsa en su lugar, Chrissy se instala al frente de una pequeña empresa de inversiones y junto con Matt Bevilaqua, socio de la familia DiMeo, inicia una campaña depredadora sobre inversores desprevenidos.

Alentando a los posibles inversores a comprar grandes cantidades de acciones de una empresa llamada *Webistics* - inflando así artificialmente el valor de las acciones-, Moltisanti y Bevilaqua consiguen reunir una gran cantidad de dinero fácil para su familia. Se trata de un esquema clásico de fraude de valores y una vez que la juerga de compra de los inversores despistados eleva el precio de las acciones de la empresa sin valor, los estafadores tiran de la manta, deshaciéndose de cantidades masivas de sus propias acciones con grandes beneficios, dejando a los otros inversores como titulares de acciones que tienen poco o ningún valor.

Resulta que el retrato ficticio de Christopher y Matt de este tipo de estafa mafiosa de guante blanco tenía una base real. La familia Bonanno, junto con miembros de la familia Colombo y algunos miembros de DeCavalcante, llevaron a cabo una estafa similar con una empresa llamada *DMN Capital Investments*. DMN estaba dirigida por el capitán de los Bonanno, Robert Lino, "Pequeño Robert".

Lino utilizaba su empresa para aprovecharse de inversores inexpertos, a menudo de edad avanzada. Junto con Frank Persico, socio de la familia Colombo, que al igual que Chris Moltisanti había "aprobado" el examen de agente de bolsa, Lino ideó un plan en el que dirigían distintas cuadrillas dentro de los cubículos de varias agencias de inversión de la zona de Nueva York.

Cuando finalmente fueron detenidos en 2000, se trataba de uno de los mayores casos de fraude de valores de la historia, con 120 acusados en 23 estados diferentes (Martin, 2000). El alcance y la escala de esta redada fue tan grande que incluso llamó la atención del Subcomité de Finanzas y Materiales Peligrosos en Comercio de la Cámara de Representantes de Estados Unidos.

En una sesión celebrada el 13 de septiembre de 2000, las actas de la reunión de este subcomité revelan el nivel de seriedad con el que el gobierno estaba abordando estas cuestiones. También proporcionan alguna información sobre el reconocimiento por parte del gobierno de las claras conexiones con la actual cultura popular del entretenimiento, mencionando explícitamente las similitudes de estos incidentes de fraude de valores con *Los Soprano*. El ex representante estadounidense del 4º distrito de Ohio Mike Oxley lo expresó así en su declaración de apertura de la sesión del subcomité:

> La audición de hoy puede parecer un episodio de *Los Soprano*, pero esto no es HBO. Es real. Vamos a escuchar historias reales de personas a las que la mafia estafa el dinero que tanto les ha costado ganar. Sé por mi propia experiencia como agente especial del FBI que la mafia va allí donde se gana un dólar. Hoy en día eso es Wall Street. Así que no es de extrañar que el crimen organizado esté tratando de chupar parte de la vida de los florecientes mercados de valores. El M-O-B (La mafia) ha vuelto a la escuela y ha obtenido un MBA. Los mafiosos se están espabilando. Antes jugaban a los caballos. Ahora juegan con los mercados y los inversores por todo lo que valen. (U.S. Government Printing Office, 2000, sección iii, párrafo 5).

En su declaración de apertura de la reunión del subcomité, Oxley está justificado al establecer la conexión con *Los Soprano*, pero el representante republicano en la Cámara no reconoce que el "floreciente mercado de valores" que describe ya estaba siendo ordeñado y robado por un puñado de estafadores no afiliados que, al igual que los mafiosos, intentaban ganar dinero a costa de los inversores ignorantes a los que estafaban, manipulaban y sacudían. En aquella época, las estafas y los chanchullos con empresas sin valor denominadas "penny-stock" estaban muy extendidos en el mundo de las finanzas -pensemos en la campaña depredadora de venta telefónica de penny-stock de Jordan Belfort y Danny Prush retratada en la película *El lobo de Wall Street*. La línea que separa la legalidad de la criminalidad era a menudo eludida de forma similar tanto por mafiosos como por financieros sin conexiones.

Aunque en la trama de inversiones masivas de la mafia en torno a DMN *Capital Investments*, que fue desarticulada en 2000, participaron miembros de varias familias mafiosas, se dice que este tipo de delito mafioso de guante blanco fue iniciado por un tipo en particular, un *caporegime* de la familia DeCavalcante llamado Philip Abramo, que llegó a ser conocido como "El Rey de Wall Street". Al igual que Jordan Belfort, el financiero de la vida real cuya saga se narra en la película *El lobo de Wall Street*, Philip Abramo era un experto en fraudes con acciones de micro capitalización y utilizó los mismos métodos que los financieros para canalizar los beneficios hacia su propio patrimonio personal con el fin de llenar las arcas de la familia DeCavalcante.

Esto no sólo demuestra que la mentalidad de "la avaricia es buena" que prevaleció desde finales de los años ochenta hasta la caída de las puntocom en 2000, no era exclusiva de los banqueros de inversión tradicionales, sino que el hecho de que las familias mafiosas participaran en la promoción de las acciones de Internet también demuestra que, en lugar de basarse obstinadamente en sus intereses empresariales históricos, la actividad de las mafias puede estar muy relacionada con las tendencias culturales. Aunque los principales intereses de los mafiosos suelen girar en torno a la extorsión, el soborno, el chantaje sindical, las drogas y la delincuencia callejera, la familia DeCavalcante, junto con los demás miembros de las Cinco Familias, fue lo bastante inteligente como para adaptarse y subirse a la moda de las puntocom en la cúspide del efecto 2000, demostrando que, aunque sus tradiciones se remontaban al viejo mundo, sus asuntos actuales estaban muy arraigados en la realidad contemporánea.

Incluso en el mismo momento en que la familia DeCavalcante se enfrentaba a una presión sin precedentes -tanto interna como externa, al tiempo que se enfrentaba a la doble amenaza de la atención de los medios de comunicación y las fuerzas del orden provocada por las insensatas escapadas de miembros y asociados y una oleada de infiltrados dentro de sus filas-, su participación en este tipo de intrigas de alto nivel en los mercados de valores demuestra que estaban bien posicionados para continuar en el siglo XXI y más allá. Alejándose de las formas tradicionales de ganar dinero, a través de Abramo, los nuevos altos cargos de la familia y los que seguían abriéndose camino en el escalafón, contaban ahora con un modelo para empezar a incorporar la tecnología y las herramientas digitales a su arsenal de armas, que hasta ese momento estaban firmemente arraigadas en el siglo XX e incluso más atrás en la historia.

CAPÍTULO 6:
La conexión con Filadelfia

No se puede hablar de los orígenes y la situación actual del crimen organizado en Nueva Jersey sin mencionar el papel que desempeñó la familia DeCavalcante en el área metropolitana de Filadelfia a lo largo del siglo XX y hasta nuestros días.

Cuando Simone DeCavalcante, "Sam el Fontanero", comenzó a consolidar su familia homónima como una fuerza a tener en cuenta en toda la región, otro capo, Angelo Bruno, estaba haciendo lo mismo en Filadelfia. Bruno, al igual que DeCavalcante, convirtió a la familia del crimen de Filadelfia en una amenaza más, organizada y poderosa, y tuvo tanto impacto en su familia que les prestó su nombre. La familia aún se conoce hoy como la familia criminal Bruno.

Sam el Fontanero y Angelo Bruno

Bruno y DeCavalcante eran aliados y mientras reunían a sus respectivas tripulaciones, modernizando y preparándolas para enfrentarse a los retos que trajo consigo la mitad del siglo XX, empezaron a participar en diversas colaboraciones que reforzarían la posición de ambos grupos en las áreas en las que tenían intereses. Juntos se dedicaron a diversas actividades, como el chantaje, la extorsión y el blanqueo de dinero, lo que contribuyó a que ambas familias obtuvieran grandes sumas de dinero en efectivo.

Bruno se convirtió en uno de los jefes mafiosos más poderosos e influyentes de la zona de Filadelfia durante el siglo XX. Alcanzó el poder en la década de 1950 y dirigió la familia del crimen de Filadelfia hasta que fue abatido en 1980. El ascenso de Bruno al poder se caracterizó por su habilidad para desenvolverse en el complejo y cambiante mundo del crimen organizado. Era un hábil estratega y un maestro de la manipulación política, y fue capaz de crear un grupo de seguidores fuertes y leales entre los demás miembros de la familia del crimen de Filadelfia.

Una de las estrategias clave de Bruno, era centrarse en establecer alianzas con otras organizaciones delictivas, tanto en Filadelfia como en otras ciudades. Fue capaz de establecer sólidas relaciones con otros jefes mafiosos, con lo que contribuyó a aumentar el poder y la influencia de la familia del crimen de Filadelfia y se aseguró la dependencia de Sam el Fontanero como su principal aliado en la región. A medida que su influencia respectiva crecía en Filadelfia y Nueva Jersey, Bruno y DeCavalcante empezaron a colaborar más estrechamente, formando una serie de alianzas que ayudarían a consolidar su posición en el submundo criminal.

A pesar de su estrecha alianza, también había tensiones entre los dos hombres. Bruno era conocido por sus tácticas despiadadas y su disposición a utilizar la violencia para conseguir sus objetivos, mientras que DeCavalcante era más un operador entre bastidores que prefería pasar desapercibido. Esto provocó algunos conflictos personales ya que tenían ideas diferentes sobre cómo dirigir sus empresas criminales. Sin embargo, a pesar de estas tensiones, la alianza entre Bruno y DeCavalcante era bastante sólida y se mantuvo durante muchos años. Ambos eran figuras respetadas y temidas en el mundo del crimen, y sus nombres eran sinónimos de delincuencia organizada en Nueva Jersey y el área metropolitana de Filadelfia.

Además de su perspicacia política, Bruno, al igual que DeCavalcante, era conocido por su habilidad para pasar desapercibido y evitar llamar demasiado la atención de las fuerzas del orden. Bruno también era conocido por evitar la violencia innecesaria, lo que le valió el apodo de "El Don Gentil".

Uno de los aspectos más notables del mandato de Bruno como jefe de la mafia fue la forma en que reformó el modelo tradicional del crimen organizado. Introdujo nuevos sistemas para compartir información y coordinar las actividades delictivas, y trabajó para mejorar la comunicación y la colaboración entre las distintas bandas y facciones de la organización. Este planteamiento contribuyó a mantener a la familia criminal de Filadelfia alejada de los focos y le permitió operar de forma más discreta y eficaz que otras familias criminales.

A pesar de sus esfuerzos por mantener un perfil bajo y evitar llamar la atención de las fuerzas del orden, el reinado de Bruno como jefe de la mafia llegó a su fin cuando fue asesinado en 1980. Su muerte marcó el final de una era para la familia del crimen de Filadelfia y el comienzo de una nueva etapa en la historia del crimen organizado de la ciudad.

Una de las colaboraciones más significativas entre los dos hombres, fue su implicación en el sector de la construcción. Tanto DeCavalcante como Bruno tenían fuertes vínculos con los sindicatos, y lo utilizaron en su beneficio controlando el flujo de contratos y mano de obra en el sector de la construcción. También utilizaron su influencia para extorsionar a contratistas y promotores, lo cual contribuyó a aumentar su riqueza y poder.

Con el paso de las décadas y los cambios en el panorama delictivo, su asociación empezó a disolverse de a poco. Bruno fue asesinado en 1980 y DeCavalcante, por supuesto, sería detenido y encarcelado varios años después.

No disparen al mensajero

La relación entre la familia Bruno y la familia DeCavalcante continuó incluso después de que Bruno desapareciera y Sam el Fontanero fuera encerrado. Con John Riggi a la cabeza de los DeCavalcante y Nicodemo Scarfo, "Little Nicky", al mando de la mafia de Filadelfia tras el asesinato de Bruno, los dos grupos mantuvieron las conexiones establecidas durante los exitosos mandatos de DeCavalcante y Bruno.

Sin embargo, el enfoque diferente de Scarfo provocaría algunas tensiones entre los dos jefes. A diferencia de Bruno - que, al igual que Sam el Fontanero, era respetado por su enfoque mesurado y diplomático-, Scarfo se hizo famoso por sus tácticas violentas y despiadadas, y su reinado como jefe de la mafia estuvo marcado por un alto nivel de violencia y caos dentro de la organización.

Aunque su mandato estuvo marcado por un repunte de la violencia y el desorden, Scarfo consiguió mantener una estrecha relación de trabajo con el jefe de DeCavalcante, John Riggi. Ambos se conocían desde hacía muchos años y se respetaban mutuamente como jefes de la mafia. La asociación entre Scarfo y Riggi se basaba en el beneficio mutuo.

Scarfo pudo utilizar las conexiones y recursos de la familia criminal DeCavalcante en Nueva Jersey para expandir el alcance e influencia de la familia criminal de Filadelfia, mientras que Riggi pudo utilizar las conexiones y recursos de Scarfo en Filadelfia para afianzar el control que la familia original de Nueva Jersey tenía en su propio territorio. Los dos hombres también trabajaron juntos en diversas actividades delictivas, como el chantaje, la extorsión y el blanqueo de dinero. Podían utilizar sus recursos y contactos combinados para generar grandes sumas de dinero, lo que ayudaba a reforzar la posición financiera de ambas familias.

Si bien mantenían una relación relativamente estrecha, empezaron a surgir tensiones entre Scarfo y Riggi. Las tácticas a menudo violentas y despiadadas de Scarfo atrajeron la atención no deseada de las fuerzas del orden, mientras que Riggi era más un operador entre bastidores que prefería pasar desapercibido. Esta diferencia en el estilo de liderazgo provocó algunos conflictos entre los dos hombres, ya que tenían ideas diferentes sobre cómo gestionar sus empresas delictivas. Sin embargo, a pesar de estas tensiones, la asociación entre Scarfo y Riggi siguió siendo sólida, y continuó hasta que ambos se vieron implicados en algún problema legal.

Riggi fue detenido y encarcelado en la década de 1990, y Scarfo fue detenido y encarcelado unos años más tarde. Aunque sus respectivas familias se esforzaron por funcionar con normalidad con ambos entre rejas, nunca pudieron alcanzar el mismo nivel de poder e influencia ni lograr el mismo grado de colaboración que con sus jefes en libertad.

Dicho esto, Scarfo era lo suficientemente famoso como para prestar su nombre a su grupo mafioso de Filadelfia, y la familia Bruno a partir de ese momento se conocería a menudo como la familia del crimen Bruno-Scarfo. El hecho de que le condenaran a cadena perpetua por asesinato y crimen organizado no le disuadiría de seguir dirigiendo la familia entre rejas.

Una vez que Little Nicky fue encarcelado, su hijo, Nicodemo "Nicky" Scarfo Jr. se convirtió en el mensajero de Scarfo y Riggi, pasando órdenes y mensajes entre los jefes de la mafia de Filadelfia y Jersey y sus respectivos subjefes y equipos.

Nicky Jr. siguió desempeñando este papel hasta que John Riggi y Scarfo Sr. fueron sorprendidos dirigiendo sus familias criminales desde una prisión federal, y fueron acusados junto con otros 37 presuntos mafiosos en una acusación estatal de conspiración para el crimen organizado. Los fiscales alegaron que Scarfo padre controló los negocios de Bruno-Scarfo durante tres años y medio mientras estaba entre rejas, con la ayuda de Scarfo hijo, que gestionaba las comunicaciones entre el jefe y sus cuadrillas en el exterior. Además de Scarfo y Scarfo Jr., otros altos cargos de la familia Bruno-Scarfo, entre ellos Joseph Licata, alias "Scoops", también fueron acusados en el proceso. Los casos contra Riggi y Scarfo se basaron en algunas pruebas altamente incriminatorias que se presentaron ante el tribunal: cientos de conversaciones que fueron grabadas en secreto por el informante de la mafia George Fresolone (*The Press of Atlantic City*, 2015).

Scarfo padre, que ya se encontraba cumpliendo múltiples y largas condenas de prisión que equivalían a cadena perpetua, permaneció entre rejas hasta que falleció en enero de 2017 en un centro médico federal. A diferencia de Riggi, Scarfo nunca volvería a caminar como un hombre libre.

Aunque el jefe de DeCavalcante, John Riggi, salió de prisión en 2012, falleció en 2015, viviendo los últimos años de su vida al estilo Junior Soprano en una modesta casa de Edison, Nueva Jersey. Con una enfermera a su lado para cuidar del enfermo mafioso durante sus últimos días, Riggi ya había dejado atrás el punto de ser capaz de liderar con alguna capacidad.

Durante seis años, las operaciones de la familia ya habían estado en manos del siciliano Francesco Guarracci, que estaba demostrando ser ampliamente capaz, y que continuaría la alianza de los DeCavalcante con la familia Bruno-Scarfo.

En la actualidad, el Estado de Pensilvania sigue tratando de incautar bienes, valores y propiedades inmobiliarias relacionados con actividades delictivas de la familia Bruno-Scarfo -junto con la familia DeCavalcante y las Cinco Familias-, extendidos en las regiones de Filadelfia y el sur de Jersey, durante el mandato de Scarfo. Además, la zona sigue siendo un hervidero de actividad mafiosa, con miembros de la familia DeCavalcante y de otras familias de la Mafia aún activos en la región, especialmente en South Jersey, sede de Atlantic City.

Atlantic City

Una de las zonas de operaciones más importantes de la familia criminal Bruno-Scarfo ha sido Atlantic City, Nueva Jersey, conocida como "Las Vegas de la costa este", gracias a su próspera industria turística y sus casinos. La familia

Bruno-Scarfo ha mantenido una serie de intereses en la ciudad, incluidos casinos y otros negocios. En estrecha colaboración con otros grupos de delincuencia organizada de la zona, el grupo mafioso con sede en Filadelfia ha seguido ejerciendo su influencia en una amplia gama de actividades ilegales en la zona.

La familia Bruno-Scarfo, junto con la familia DeCavalcante y las Cinco Familias de Nueva York, representan una poderosa alianza que aún hoy controla gran parte de Atlantic City y sus alrededores. Una acusación federal en diciembre de 2020 contra 15 hombres de la familia Bruno-Scarfo menciona la usura, las casas de apuestas y el tráfico de drogas como sus principales negocios en la zona de Atlantic City.

Una de las principales formas en que la familia del crimen Bruno y sus aliados han podido ejercer control sobre la ciudad, es mediante el control de los sindicatos que trabajan en los casinos y otros negocios. Al controlar los sindicatos, pudieron controlar el flujo de contratos y mano de obra, lo que les dio una ventaja significativa sobre sus competidores.

En una demanda del gobierno estadounidense en 1990 contra el sindicato de trabajadores de un casino de Atlantic City, Little Nicky Scarfo, con la ayuda de su hijo Nicky Jr, fue nombrado presunto jefe sindical. La familia del crimen Bruno y sus aliados utilizaron su influencia y control de los sindicatos para extorsionar a propietarios de casinos, promotores inmobiliarios y otras empresas de Atlantic City. Amenazaban con violencia u otras formas de intimidación si no se cumplían sus exigencias, generando así grandes sumas de dinero mediante actividades ilegales.

A pesar de sus esfuerzos por mantener un perfil bajo y evitar llamar la atención de las fuerzas del orden, la familia Bruno y sus aliados no pudieron eludirlas. En las décadas de 1980 y 1990, varias investigaciones de alto nivel se centraron en la familia y sus aliados, y muchos de sus miembros fueron detenidos y encarcelados.

Capítulo 7:
La familia hoy

Cocaína

El tráfico y la distribución de cocaína, en particular, han sido una importante fuente de ingresos para la familia criminal DeCavalcante en los últimos años. Se sabe que la organización importa grandes cantidades de esta droga desde Sudamérica y la canaliza a través de una extensa red de distribución que abarca gran parte de la costa este. La familia DeCavalcante también sigue utilizando su amplia red de empresas aparentemente legales y su lista de asociados para blanquear los beneficios de sus actividades de narcotráfico. La familia ha logrado mantener su control sobre el tráfico de cocaína mediante el uso de la violencia y la intimidación. Es sabido que utilizan tácticas brutales para silenciar a sus rivales y mantener el control de su territorio.

En el pasado, la familia DeCavalcante, junto con las Cinco Familias y la familia Bruno-Scarfo, también han utilizado sus contactos políticos y policiales para proteger sus operaciones. Aunque muchas de estas conexiones se erosionaron tras los grandes escándalos de corrupción y las redadas a gran escala que amenazaron con acabar con estas familias para siempre, las familias del crimen siguen beneficiándose de las fortalezas que ejercen en los principales puertos de la zona.

A pesar de los esfuerzos de las fuerzas del orden por desbaratar las operaciones de tráfico y distribución de cocaína de la familia criminal DeCavalcante, la organización ha sido capaz de adaptarse y seguir operando sin interrupciones. Esto se debe en parte a su capacidad para infiltrarse en negocios legales y utilizarlos como tapadera de sus actividades ilegales.

Aunque la familia DeCavalcante ha logrado mantener en secreto la mayor parte de sus operaciones de narcotráfico, recientemente se han producido algunos incidentes que han sacado a la luz sus actividades, llamando una vez más la atención de las fuerzas del orden.

En los muelles

En febrero de 2019, se incautaron 3.200 libras de cocaína en el puerto de Newark. Aunque las autoridades se negaron a nombrar a las personas u organizaciones sospechosas detrás de la redada, es bien sabido que una o un consorcio de las familias mafiosas locales tenían conocimiento del contenedor de envío en el que llegó.

En los muelles la Mafia sigue mandando y esto es algo que las familias mafiosas modernas tienen a su favor. Aunque sean menos sofisticadas y estén menos organizadas que sus homólogas chinas y rusas, las familias mafiosas tradicionales de la LCN tienen la ventaja de su firme control de los sindicatos y las operaciones en los muelles. La familia DeCavalcante, las Cinco Familias y la familia Bruno-Scarfo cuentan con hombres en las filas de los estibadores, inspectores y otros cargos, no sólo en el puerto de Newark, sino también en otros puertos más pequeños y terminales de contenedores de toda la zona de Nueva York y Nueva Jersey. Al dar a las familias de la LCN una ventaja competitiva sobre las llegadas y salidas de casi todo el contrabando de la zona, su mando e influencia en los puertos les permite llevar la delantera en el tráfico de mercancías ilegales de todo tipo.

Si bien la presencia de todas las familias mafiosas locales está extendida por toda la zona, se dice que, al día de hoy, la familia Genovese sigue siendo la que más influencia ejerce sobre lo que ocurre en la parte de Nueva Jersey (Ford, 2019). Si esta afirmación resultara cierta, significaría que la familia Genovese consiguió arrebatar el control a los invasores Gambino durante la época de John Gotti. Aunque los Genovese habían mantenido tradicionalmente el control del sindicato de estibadores de la Terminal Marítima Militar de Bayona, se dice que, durante el reinado de Gotti, la familia Genovese perdió el dominio de esta importante zona estratégica en favor de los Gambino.

Así es que, tanto si el control de las operaciones portuarias del lado de Jersey lo mantuvieron continuamente los Genovese como si los invasores Gambino de la década de 1990 fueron capaces de hacerse con el poder y mantenerlo durante algún tiempo, cabe suponer que la familia DeCavalcante se ha beneficiado de un acceso ininterrumpido al puerto y al sindicato de estibadores, ya que han seguido manteniendo buenas relaciones con ambas familias a lo largo de los tiempos modernos.

Tráfico y distribución

El posicionamiento estratégico y la presencia de todas las familias de LCN en los puertos, ha beneficiado sin duda a la familia DeCavalcante en sus operaciones de importación. Pero, en lo que respecta a la distribución de los productos ilícitos una vez que llegan, no se sabe mucho, excepto por los destellos obtenidos pocas veces por el largo brazo de la ley que ha logrado abrir la bóveda del secreto en los últimos años.

En 2015, 10 miembros de la familia DeCavalcante, entre ellos Charlie Stango y Anthony Stango, fueron acusados de conspiración para distribuir cocaína, junto con una plétora de otros cargos relacionados con tramas de asesinato y operaciones de prostitución que el equipo de padre e hijo había estado planeando. Mientras que la banda de Stango tenía su base principalmente en Toms River, otra banda de DeCavalcante en Elizabeth fue acusada al mismo tiempo de conspiración para distribuir más de 500 gramos de cocaína. Dos hombres de DeCavalcante, James Heeney y Rosario Pali, de la banda de Elizabeth, habían sido capturados haciendo declaraciones incriminatorias en grabaciones hechas por agentes encubiertos e incluso le habrían vendido drogas a algunos de ellos.

En cuanto a Charlie Stango y su hijo Anthony, un complot de asesinato fue lo que les valió la atención que finalmente les llevaría a ser acusados. Creyendo que estaban contratando a una banda de motoqueros, Stango ordenó el golpe a través de un agente encubierto y al hacerlo, fue inevitable que lo detuvieran. Se supo que Stango había pedido la aprobación del *consigliere* de DeCavalcante, Frank Nigro, y de otros miembros de alto rango para llevar a cabo el golpe que iba a ser contra un miembro rival, Luigi Oliveri, "El Perro". En 2017, Stango fue condenado a 10 años de prisión federal por conspirar para asesinar a Oliveri por teléfono, desde su escondite en Nevada.

Con la redada completa, la familia DeCavalcante había vuelto a verse envuelta en un caso federal a gran escala que atrajo una atención no deseada sobre su organización y sus actividades. Dicho esto, no disuadió a los miembros de la familia que eludieron los cargos, de continuar con sus numerosos negocios. Con Guarraci fallecido el año anterior y Charles Majuri, "Orejas Grandes", ocupando ahora el sillón más grande, el espectáculo debía continuar, incluida la distribución y venta de drogas ilegales. El tráfico de drogas era demasiado rentable como para renunciar a él y, aunque no se producirían grandes redadas en los años siguientes, los DeCavalcante de menor rango seguirían enfrentándose a cargos relacionados con este comercio ilícito.

En abril de 2021, Jason Vella, un socio de DeCavalcante en Toms River que probablemente formaba parte de la banda de Charlie Stango antes de que éste fuera expulsado, fue declarado culpable de posesión de cocaína con intención de distribución, y condenado a 15 meses de prisión federal. Dos años antes, fue detenido durante un registro autorizado de su domicilio, donde se encontraron 150 gramos de cocaína, diversos tipos de parafernalia de drogas, grandes cantidades de dinero en efectivo y joyas (Larsen, 2021).

Así pues, aunque en los últimos años la familia criminal DeCavalcante se ha enfrentado a una mayor presión por parte de las fuerzas del orden, sus operaciones siguen siendo sólidas en el próspero ámbito del tráfico y la venta de drogas. Y aunque varios miembros de alto rango de la organización han sido detenidos y condenados por diversos delitos relacionados con el tráfico y la distribución de drogas, la familia criminal DeCavalcante sigue siendo un actor importante en el comercio de cocaína en la Costa Este.

Prostitución

Aparte de sus incursiones pioneras en el "trabajo de inteligencia" de la Mafia como primer capo DeCavalcante con base remota, enviando órdenes a su banda con base en Toms River desde fuera de Las Vegas, Charlie Stango también tenía grandes ideas en otro ámbito: el comercio sexual. El problema fue, sin embargo, que hizo saber de sus planes a un agente encubierto y consiguió echar por tierra sus planes para el burdel de lujo y el servicio de llamadas que soñaba crear.

Tal vez fue todo ese tiempo que Stango estuvo viviendo en el desierto de Nevada donde la prostitución ya estaba legalmente sancionada desde 1971, por la razón que fuera, Stango se animó a soñar a lo grande poniendo un burdel de lujo en la ciudad de Toms River. Sin embargo, Stango pronto descubriría que sus sueños de entrar en la industria del sexo eran más grandes que sus pantalones y al planear la realización de su plan, Stango, sin saberlo, terminó filtrando los detalles de sus planes a un agente encubierto a través de una intervención telefónica.

El burdel de Stango, que comercializaría como un servicio de acompañantes de lujo, estaba destinado a los trabajadores adinerados de cuello blanco. Asociado con un par de mujeres locales que no se nombran en la denuncia penal del Departamento de Justicia de 2015, y su hijo Anthony, Stango tenía planes para que este negocio reforzara su propia riqueza, así como las arcas de la familia DeCavalcante. El plan era que Anthony y la banda de Toms River se encargaran de gestionar este negocio.

Stango sugirió que montaran un club de verdad para que sirviera de fachada a la operación e incluso dio su opinión sobre la oferta de bebidas, señalando que si mantenían bajos los precios de las bebidas podrían conseguir más ingresos "legítimos". Otra idea del siempre emprendedor capo, era llevar a cabo una estafa benéfica a veteranos desde el club, distribuyendo material promocional de una organización benéfica que apoyaba a veteranos heridos pero que, en realidad, iría directamente a cuentas bancarias asociadas con la familia DeCavalcante.

Anthony Stango, que asumió el papel de gerente del proyecto de burdel, también fue grabado haciendo declaraciones incriminatorias sobre la operación comercial. Afirmó que ya había conseguido 12 mujeres en Nueva Jersey dispuestas a prestar sus servicios en el burdel de Toms River, que también tenía 5 mujeres en Nueva York y otras 8 en Filadelfia. Cuando sus padres le preguntaron cómo iba a gestionar a todas esas chicas en los distintos lugares, Anthony dijo que ya tenía un plan y que iba a crear un sitio web para ofrecer servicios a domicilio.

Si bien el burdel de Toms River se iba a comercializar como un servicio de lujo, Anthony dejó claro que tenía planes para atender a todo tipo de clientela, señalando en una llamada telefónica intervenida a su padre: "Las tengo de todos los tamaños y colores, de todos los precios. Tengo opciones baratas por las que puedes pagarme 100 la hora... te pueden hacer una mamada por malditos 30 dólares, y luego tengo putas que te costarán desde 350 a 500 la hora" (Estados Unidos de América contra Stango, 2015, p. 31).

Mientras Charlie y Anthony hablaban como si estuvieran empezando a encapricharse como grandes proxenetas, los investigadores que habían estado siguiendo todos sus movimientos sabían que, pese a su pertenencia a la familia DeCavalcante, eran poco más que ladrones de poca monta. Una vez que la investigación de los federales destapó los negocios de Stango lo suficiente como para dar lugar a acusaciones y posteriores condenas, sus sueños de abrir el burdel VIP en Toms River debieron permanecer alejados de sus mentes.

Los federales empezaron a acorralar a los miembros de la banda, incluidos los propios Charlie y Anthony Stango. En total, 15 tipos se enfrentarían a cargos relacionados con el negocio de las escorts, la distribución de cocaína, así como con el golpe que Charlie Stango ordenó por teléfono a su rival, el también miembro de DeCavalcante Luigi Oliveri, "El Perro".

Gestión de residuos y vertidos ilegales

La gestión de residuos es un negocio que siempre se asociará con el crimen organizado en Nueva Jersey, hasta el punto de que se destacó como el "trabajo principal" del capo Tony Soprano en *Los Soprano*. Aunque tenía el título oficial de "consultor de gestión de residuos" -y acabó consiguiendo un puesto en *Barone Sanitation* para mantener la apariencia de que tenía fuentes de ingresos legítimas-, todo el mundo entiende que cuando un tipo de Jersey como Tony murmura que está en el "negocio de la gestión de residuos", hay muchas probabilidades de que esté relacionado con la mafia.

Aunque muchas de estas empresas operan como transportistas legítimos de contenedores para empresas y contratistas locales, como siempre ocurre con las empresas dirigidas por la mafia, hay un lado más oscuro e ilegal en sus operaciones. Nueva Jersey se ha convertido en una especie de refugio seguro para los basureros sin escrúpulos, ya que sus normativas más laxas atraen al otro lado del río a tipos que ya han sido expulsados de Nueva York para verter cargas ilegales de residuos, a menudo muy tóxicos.

Este tipo de vertidos ilegales o "gestión de residuos", como se suele llamar, ha sido un gran negocio para la Mafia durante algún tiempo. Hasta el día de hoy, estas prácticas siguen causando estragos en el medio ambiente y en las comunidades que rodean los vertederos ilegales, exponiendo a menudo a los trabajadores y residentes a sustancias químicas cancerígenas. En la última década, la Comisión Estatal de Investigación de Nueva Jersey ha publicado con regularidad informes en los que advierte de que el estado tiene un déficit flagrante de recursos para hacer cumplir las leyes en torno al programa de reciclaje del estado, lo que deja a los reguladores y a los ciudadanos impotentes frente a operadores sin escrúpulos, muchos de los cuales vinculados al crimen organizado (Star-Ledger Editorial Board, 2019).

Este tipo de esquemas se han mantenido generalizados en todo el Estado de Nueva Jersey, pero no han pasado desapercibidos para los reguladores y los políticos. Los hallazgos de la Comisión de Investigación sí permitieron a los fiscales llevar a cabo dos condenas en 2016 relacionadas con la gestión de residuos, una de las cuales acusaba a James Castaldo, miembro de DeCavalcante desde hacía mucho tiempo. Castaldo, junto con su socio Gerard Pica, había participado en una trama de extorsión en la que recibían pagos en efectivo de varios contratistas y firmaban acuerdos que canalizaban materiales contaminados de vertederos a un proyecto municipal gestionado por la Autoridad de Mejora del Condado de Hudson. Los residuos envenenados acabaron en un campo de golf de nueve hoyos en Jersey City.

Aunque la condena de James Castaldo, miembro de los DeCavalcante, puede haber frenado durante un breve periodo de tiempo algunos de los planes de vertidos ilegales de la familia, es probable que ellos, junto con las Cinco Familias, lo consideraran sólo un pequeño revés y continuaran con su vertido ilegal de residuos peligrosos.

En 2017, un capo de la familia Bonanno se vio implicado en otra trama de tráfico de basura, en la que residuos de demoliciones contaminados con toxinas y otros peligros biológicos se vendían como materiales de relleno. En este caso concreto, la basura envenenada llegó a las tierras de propietarios desprevenidos cuyos patios habían sido erosionados por la marejada provocada por la tormenta Sandy. Demostrando que las familias de la mafia local no se han dado por vencidas en los últimos años y continúan con sus negocios habituales, los vertidos ilegales siguen prosperando en el Estado Jardín.

En 2019, un proyecto de ley del Senado de Nueva Jersey intentó remediar algunas de las lagunas que permitían que muchos de estos esquemas de vertido ilegal se deslizaran a través de las grietas, añadiendo controles de antecedentes para los operadores de gestión de residuos, ampliando el protocolo de pruebas por parte del Departamento de Protección Ambiental, permitiendo a las fuerzas del orden asumir papeles más proactivos en la inspección de camiones y la emisión de multas, y también haciendo posible que el

Fiscal General del estado compartiera información con Nueva York (Star-Ledger Editorial Board, 2019).

Aunque el proyecto de ley fue aprobado por el Senado estatal, se atascó en la Asamblea y, como muchas cosas en Nueva Jersey, quedó relegado a un segundo plano, lo que permitió que continuaran las violaciones y los delitos ambientales, dando a la familia DeCavalcante, junto con las Cinco Familias, el mandato para continuar con sus negocios de vertidos ilegales.

El negocio de la construcción

El negocio de la construcción ha estado en el centro de las operaciones comerciales de los DeCavalcante desde los primeros días de contrabando de la familia de Elizabeth-Newark, pero no fue hasta el reinado de John Riggi que los lazos de larga data entre el Local 394 del Sindicato Internacional de Trabajadores de América del Norte (LIUNA) de Elizabeth y la familia del crimen se consolidaran más firmemente.

A través de estas fuertes afiliaciones con el Local 394 de Elizabeth, así como con el Consejo de Distrito de Pintores nº 30 de Millburn, la familia DeCavalcante ha seguido ejerciendo una fuerte influencia en el sector de la construcción de Nueva Jersey. Estas fuertes conexiones establecidas, han permitido a los miembros de DeCavalcante ocupar puestos de consultoría y liderazgo dentro de los sindicatos e incluso acceder a puestos de trabajo dentro de las empresas contratistas locales.

Aunque sus puestos de trabajo y de liderazgo en los sindicatos y las empresas de construcción se han obtenido a menudo a través de medios ilegales de coacción y extorsión, los miembros de la familia DeCavalcante a lo largo de la historia se han destacado por su ética de trabajo excepcionalmente fuerte. Históricamente, sus miembros y asociados se han enorgullecido de presentarse a diario, fichando a la entrada y a la salida como los demás trabajadores no afiliados. Tom Troncone, del sitio web de interés mafioso *The Chicago Syndicate,* señaló que "durante años, la broma entre los mafiosos de Nueva York era que no se podía tener una 'reunión' con un miembro del sindicato del crimen DeCavalcante hasta después de las 4 en punto. Era entonces cuando sonaban los silbatos y las obras cerraban por hoy" (2006, párr. 1).

En contraste con el tipo de trabajos de construcción y gestión de residuos que "no figuran" y que a menudo se destacan en *Los Soprano,* algunos han argumentado que, aparte de su menor tamaño, lo que siempre ha separado a la familia DeCavalcante de otras familias criminales locales ha sido su voluntad de presentarse y mantener trabajos reales (Troncone, 2006).

Mientras que el período comprendido entre finales de los años ochenta y mediados de los noventa, se caracterizó por el estilo más llamativo y fanfarrón de capos como Vinny Ocean Palermo y aspirantes a mafiosos como Ralphie Guarino, muchos miembros de la familia DeCavalcante eran personas discretas que se enorgullecían de sus trabajos sindicales de clase obrera y no aspiraban a convertirse en John Gotti, buscando la atención de los medios.

Si bien muchos de los miembros de DeCavalcante eran trabajadores y no consideraban sus trabajos conseguidos a partir de medios extorsivos, como una oportunidad para holgazanear, sin duda había otros que simplemente se burlaban del sistema. La soplón Anthony Capo, el tipo que cargó a John D'Amato de balas en la parte trasera de un coche en 1992, testificó que, de hecho, tenía un trabajo "fantasma" como los que suelen aparecer en *Los Soprano*, y que incluso cobraba horas extras por ese puesto. La Comisión de Investigación del Estado de Nueva Jersey señaló patrones similares de pereza en su evaluación de la ética laboral de la familia DeCavalcante, afirmando en su informe de 2015 que "los miembros de DeCavalcante a menudo eran empleados fantasmas o no hacían ningún trabajo en empleos de obreros" (Comisión de Investigación, p. 123).

Independientemente de si los miembros de la familia eran o no tan trabajadores en sus empleos legítimos de fachada como describen algunos historiadores de la Mafia -o si simplemente se dedicaban a ello-, lo que es seguro es que los altos cargos de la organización eran despiadados en su explotación y aprovechamiento de los sindicatos. A través de su control e influencia en el Local 394, la familia DeCavalcante ha podido extorsionar a los contratistas en una amplia gama de bienes, servicios y materiales de construcción.

El actual jefe de los DeCavalcante, Francesco Guarraci, natural de Ribera, Sicilia, fue oficialmente obrero y más tarde, capataz del sindicato. En 2006, cuando asumió el poder de la familia como jefe en funciones, fue acusado de intentar arrebatar el control del Local 394 a la organización matriz del sindicato y se vio obligado a "jubilarse" anticipadamente de su puesto allí. Aunque Guarraci contaba con el respaldo de muchos miembros de DeCavalcante y había puesto en marcha planes para modernizar el *Ribera Club*, que dirigía con éxito desde 1989, su intento de hacerse con un mayor control del Local 394 fue un paso demasiado lejos para los vigilantes y funcionarios externos del sindicato.

Aunque es probable que algunos miembros de DeCavalcante siguieran activos e influyentes en el Local 394 en los años que siguieron a la expulsión de Guarraci del sindicato en 2006, puede deducirse que los últimos 15 años aproximadamente se han caracterizado por una disminución constante de la influencia que la familia llegó a tener sobre él. Los esfuerzos por acabar con la influencia y la corrupción de la familia DeCavalcante en el seno del sindicato Local 394 se remontan a mediados de la década de 1990, cuando se inició una campaña conjunta entre LIUNA y el Departamento de Justicia de Estados Unidos.

Antes de dar el golpe contra el invasor Guarraci en 2006, la campaña anticorrupción ya había llevado a la destitución permanente del actual jefe en funciones Charles Majuri, "Orejas Grandes", junto con el *caporegime* Giuseppe "Pino" Schifilliti. A los dos hombres de DeCavalcante ya se les había prohibido participar en cualquier actividad sindical dentro de LIUNA, incluso antes de que Guarraci entrara en escena (Comisión de Investigación, 2004).

En la actualidad, Majuri es el jefe de facto de la familia por ser el miembro superviviente de más edad, por lo que es poco probable que los intereses de la familia DeCavalcante sigan estando sobre la mesa de forma significativa en el sindicato Local 394. Incluso si algunos miembros y asociados de DeCavalcante pueden estar todavía implicados en el Local 394 o en las empresas de construcción con las que trabajan, la oleada de esfuerzos anticorrupción de LIUNA junto con el Departamento de Justicia de EE.UU. parece haber reducido lo que fue, durante muchas décadas, un enorme flujo de dinero de lento goteo para la familia.

Capítulo 8:
Soplones

La rata bocazas, Anthony Rotondo

Si hay una rata sucia cuyas revelaciones en los tribunales se han caracterizado por su contenido sensacionalista y apto para los tabloides, esa es el capo bocazas de la familia DeCavalcante, Anthony Rotondo. Destacaba por tener estudios universitarios -lo que no era precisamente habitual entre los mafiosos-, y estaba claro que no había sido educado para mantener la boca cerrada.

En la calle se decía que su padre, Vincent Rotondo, "Jimmy el Gentil", mafioso de la vieja escuela DeCavalcante, tenía grandes aspiraciones para su hijo, con la esperanza de que con el tiempo encontrara un camino para salir de aquella vida mediante la obtención de una educación universitaria. Vincent esperaba que su hijo se convirtiera algún día en abogado, un sentimiento del que se hizo eco el propio Rotondo una vez que aterrizó en los tribunales por otros motivos, concretamente por estar implicado en el asesinato de Fred Weiss en 1989 y por ser el responsable de que el mafioso gay John D'Amato fuera abatido.

Anthony Rotondo se convirtió en un soldado de las filas DeCavalcante en 1982. Su padre, Vincent, debía de estar orgulloso de su hijo, aunque había expresado su deseo de que Anthony siguiera una carrera legítima como profesional. En aquella época, Vincent era el número dos de la organización y gozaba de gran prestigio entre sus colegas.

Aunque los años 80 fueron una época próspera para la familia DeCavalcante, hacia el final de la década se produjo un repunte de la tensión cuando John Gotti y su familia Gambino empezaron a invadir sus negocios y a pesar en los asuntos de poder entre familias. Aparte de estas luchas, los últimos años de la década de 1980 también trajeron una nueva oleada de problemas legales para la familia.

El padre de Anthony Rotondo, fue uno de los que se vio potencialmente afectado por las luchas judiciales de un socio de DeCavalcante. Aunque probablemente se arrepintiera en ese momento, no había forma de dar marcha atrás, y Vincent estaba luchando con problemas derivados del hecho de que había metido a un tipo de fuera en el redil familiar, un dentista de Long Island llamado Jesse Hyman, que tenía un segundo empleo como usurero.

La asociación de Vincent Rotondo con ese tipo estaba atrayendo miradas despectivas de otros miembros del círculo íntimo de la familia, ya que cada vez parecía más probable que Hyman, quien estaba siendo juzgado por préstamos usureros, cooperara con los investigadores en un intento de reducir la condena de 30 años a la que se enfrentaba. Dado que Hyman había sido traído por Rotondo, Rotondo fue visto en parte como responsable de las consecuencias que se derivarían ya que el tipo estaba a punto de convertirse en informante.

El 4 de enero de 1988, Vincent Rotondo fue encontrado al volante de su Lincoln, con un recipiente de calamares en el regazo y la cara destrozada por una lluvia de balas. *El New York Daily News* señaló sobre la escena del crimen que "la policía cree que el calamar sería su cena, no la tarjeta de visita del asesino a sueldo al estilo del 'Padrino'" (Farrell & Capeci, 1988, párr. 9). Carente de simbolismo o no, se envió un mensaje claro: La familia DeCavalcante no toleraba a las ratas, aunque fueran simples asociados.

Si bien se cree que John Riggi fue quien autorizó el golpe contra Vincent Rotondo, algunos han sugerido que John Gotti estaba realmente detrás de ello. Sería cuestión de semanas antes que los dos jefes tuvieran esa fatídica reunión en la funeraria, en la que Gotti dejó claro a Riggi que la familia DeCavalcante actuaría ahora oficialmente bajo la bandera de los Gambino.

Para Anthony Rotondo, el doble golpe de ver a su padre eliminado en un violento ataque, y ser consciente de los cambios que se estaban produciendo en torno al liderazgo y la jerarquía de la familia, debió de ser algo difícil de digerir. Pero el joven mafioso siguió adelante, ascendiendo él mismo a capo para cubrir el hueco dejado por la desafortunada muerte de su padre.

Convertido en un valioso colaborador y fuente de ingresos dentro de la familia, Rotondo era en muchos sentidos un mafioso modelo. Pero un día, como muchos otros hombres leales, acabaría por quebrarse y sucumbir a lo más bajo que puede hacer un mafioso: delatar a su propia familia.

Rotondo no era un tipo tonto -se había graduado en la Academia Nazareth, un instituto privado de preparación universitaria, y también se había licenciado en negocios empresariales en el St. Francis College de Brooklyn- y estaba bien preparado para el tipo de carrera que su padre había imaginado para él.

Esa posible trayectoria como profesional llegó a su fin en 2004, cuando se vio sometido a juicio y se enfrentaba a cadena perpetua por diversos cargos, entre ellos 4 asesinatos, conspiración para cometer otros 3 asesinatos, extorsión, robo y allanamiento de morada. Aunque no tuvo que aplicar todo lo aprendido en los libros para cometer todos estos delitos, lo que sí hizo una vez enfrentado a la vida entre rejas fue combinar su sentido común con su conocimiento de los procesos legales.

Anthony Rotondo tomó la difícil decisión de seguir el camino del dentista usurero Jesse Hyman, cuyos labios sueltos provocaron que al padre de Rotondo le volaran la cabeza cuando volvía del mercado aquel día de 1988. Rotondo se convirtió en un soplón y las revelaciones de su testimonio y sus cuentos ante el tribunal, sirvieron para condenar a muchos otros miembros de la familia DeCavalcante, así como para proporcionarnos a los entusiastas de la Mafia una amplia gama de conocimientos e información privilegiada sobre la familia DeCavalcante y sus operaciones.

Sin el testimonio de ratas como Anthony Rotondo y otros tipos que se convirtieron en informantes, escasearían el tipo de historias y anécdotas vívidas que adornan las páginas de este libro, y que también se han abierto camino en el entretenimiento mafioso que tanto amamos. Así que, aunque odiemos a las ratas por el hecho de que traicionaron a sus familias, tenemos que rendirnos ante ellas y apreciar su contribución a los relatos de la Mafia, tanto reales como ficticios.

Ralph "Ralphie" Guarino, el Rata Aspirante a Mafioso

Otra rata notable que asoló a la familia DeCavalcante ni siquiera era un miembro de pleno derecho. Los lectores recordarán a Ralphie Guarino como el aspirante a mafioso cuya torpe escapada del World Trade Center lo dejó con puñados de dinero extranjero difícil de blanquear. Después de que Vinny Ocean comprometiera la tapadera de la organización DeCavalcante a mediados de los noventa con sus descarados esfuerzos por convertir la amenaza pública contra su bar de striptease en una cuestión de derechos civiles, Guarino se abalanzó unos años más tarde con sus travesuras en el World Trade Center, lo que provocó que la familia DeCavalcante recibiera más atención mediática de la deseada.

Peor aún, Ralphie se convirtió en un soplón. A día de hoy, siempre se le recordará como eso: un farsante, un aspirante a chico listo, que no era más que un asociado de bajo nivel, pero que tenía tanta alta autoestima que decidió ponerse un micrófono para el FBI, exponiendo así a los miembros de la familia DeCavalcante a la vigilancia del gobierno, lo que empezaría a causar serios problemas a la organización.

Cigargoyles era el nombre del local de Ralphie en el East River, justo al lado del puente de Brooklyn. Este club de fumadores y restaurante trató de sacar provecho de la moda de los puros de finales de los 90, pero resultaría ser una inversión difícil para el estafador, que disponía de mucho dinero, pero no de muchos fondos bancarios. Aunque Ralphie pasaba mucho tiempo ganando dinero como socio de DeCavalcante, también le gustaban las cosas buenas. Le encantaba gastarse el dinero que tanto le costaba ganar, en puros caros y mimarse con tratamientos de spa y manicure; era conocido en la ciudad por su vanidad. Como le encantaba envolverse en lujos y proyectar la imagen de que vivía la buena vida, decidió tomar su pasión por todos los signos de la riqueza e intentar canalizarla en su empresa *Cigargoyles* (Smith, 2003).

Hasta el momento, Cigargoyles había sido una empresa fallida, y eso significaba que Ralphie tenía que buscar una nueva fuente de dinero. Aparte de las tensiones financieras derivadas de su aventura empresarial, la cartera de Ralphie estaba siendo vaciada por su novia, a la que le gustaba gastar tanto como a él y tenía la afición de engatusar a su aspirante a chico listo, para que gastara un montón de dinero en hoteles caros (Smith, 2003).

Un día, Ralphie recibió un dato de su amigo de confianza, Sal Calciano, un tipo que también había crecido cerca de los muelles del paseo marítimo del sur de Brooklyn. Sal trabajaba en el World Trade Center y le dio a Ralphie toda la información que necesitaba para llevar a cabo un atraco bancario a la antigua usanza, aparentemente claro y sencillo, en una sucursal del Bank of America situada dentro de las Torres Gemelas.

Aunque Ralphie Guarino no era más que un asociado de DeCavalcante y algunos lo consideraban tanto pretencioso, tenía en sus espaldas un currículum de actividad delictiva bastante impresionante. Si bien era un aspirante a "chico listo" (gánster), la sabiduría parecía ser algo de lo que carecía. Pronto lo demostraría contratando a los tres títeres de sus compinches de poca monta para ejecutar la tonta escapada de las torres gemelas.

Sabiendo que el lugar estaba vigilado y custodiado hasta el cuello, el plan de Guarino consistió en contratar a unos matones callejeros de Brooklyn de poca monta para evitar que le echaran la culpa a él. Esta inteligente idea le costaría más tarde cierta notoriedad con los altos cargos de la familia, concretamente con Vincent "Vinny Ocean" Palermo.

El 9 de enero de 1998, llegó el momento de que los compinches de Guarino llevaran a cabo su misión. Armados con documentos de identidad falsos y bolsas de lona que ocultaban pasamontañas y pistolas, fueron recibidos por un guardia de seguridad poco estricto, que se limitó a echar un vistazo a sus pases falsos, sin escanearlos para asegurarse de que eran realmente válidos. Con pocas dificultades inesperadas, los chicos consiguieron llevar a cabo el atraco y se alejaron despreocupadamente de la escena del crimen. Guarino estaba aparcado cerca, vigilando para asegurarse de que los chicos salieran y se dirigieran a tomar diferentes rutas de metro antes de la cita prevista en Brooklyn (Smith, 2003).

Los federales consiguieron atrapar a Ralphie pocos días después del robo, presentándose en su casa de Staten Island para mantener una conversación. Tras sugerirle que se dirigieran a una habitación sin ventanas de la oficina del FBI en Manhattan, situada en el Federal Plaza, Ralphie accedió y fue interrogado por los agentes. Una vez que los agentes llegaron al punto de discutir sus opciones, la principal preocupación de Ralphie pasó de tratar de averiguar cómo diablos blanquear los montones de billetes extranjeros con los que ahora estaba atascado a tratar de salvar su culo de aterrizar de nuevo en la cárcel por 20 años.

Los federales habían reunido montones de pruebas que señalaban a Ralphie como el cerebro del atraco al World Trade Center, y utilizaron esa información para amenazarle, dejando claro que sus condenas anteriores también influirían en la sentencia y las penas de prisión de cualquier nuevo cargo. Ralphie cedió y aceptó llevar un micrófono. Así que, como Salvatore "Big Pussy" Bonpensiero en *Los Soprano*, se convirtió en el tipo de la organización que permitía a los federales espiar y ver el funcionamiento interno de la familia DeCavalcante. Pero, los federales no lo tendrían tan fácil.

Al igual que en *Los Soprano*, los casos reales de escuchas telefónicas de la mafia a menudo ven a los federales rebuscando entre un montón de contenido inutilizable e irrelevante. Lejos de ser una operación de investigación glorificada, el día a día de los federales reales es muy parecido al retratado en *Los Soprano*: sentarse en una furgoneta y esperar fragmentos minúsculos de información que esperan que puedan conducir a acusaciones.

Rata de los suburbios, Vincent "Vinny Ocean" Palermo

Cuando Vinny Ocean conoció a Ralphie Guarino, le cayó bien. Aunque Ralphie era un aspirante de bajo nivel, Vinny sabía que había que tener cojones para llevar a cabo un atraco como el que Ralphie había preparado en el World Trade Center, y lo apreciaba. Lo que no sabía era que su nuevo amigo llevaba un micrófono y que no pasaría mucho tiempo antes de que el propio Vinny Ocean se convirtiera también en una rata.

Hasta el momento en que entró en contacto con Ralphie, Vinny Ocean estaba fuera del alcance de cualquier interés del FBI. Aunque su club de striptease *Wiggles* saltó a los titulares y se rumoreaba que su propietario era un mafioso que vivía en una bonita casa de los suburbios de Long Island, los federales no sabían exactamente quién formaba parte del panel de jefes de DeCavalcante en aquel momento. Todo lo que los federales sabían era que, con John Riggi entre rejas, los DeCavalcante probablemente seguían luchando con el mismo tipo de drama intrafamiliar que había definido los periodos de turbulencia que a menudo asolaban a la familia una vez que encerraban a los grandes capos.

Vinny decidió ascender a Ralphie, haciéndole saber que a partir de entonces lo pondría con su chófer Joseph Masella, "Joey O". Vinny esperaba que este movimiento le diera una ventaja estratégica, pudiendo vigilar al advenedizo asociado al ponerlo con alguien de su círculo.

Aunque Vinny confiaba en Masella para sus desplazamientos ambos tenían un pasado turbio. Si bien eran amigos íntimos, habían tenido un breve desencuentro a raíz del intento de atentado contra Charles Majuri, "Orejas Grandes", que Vinny ordenó cuando se formó el grupo de expertos. Masella, junto con Jimmy Gallo y Anthony Capo, fueron los que fracasaron en el intento de asesinar a Majuri tras darse cuenta de que había un coche patrulla de la policía estatal, aparcado justo enfrente de ellos. Tras el intento fallido, Vinny seguía queriendo a Majuri fuera de juego.

Joey O voló a Florida para compartir con Vinny la desafortunada noticia de que el golpe no se iba a llevar a cabo, y al principio se sintió decepcionado. Vinny decidió entonces que había tantos otros miembros de la familia DeCavalcante que querían a Majuri fuera de escena, que el asesinato podría llevarlo a cabo otro miembro, en otro momento.

Al final, Vinny decidió eximir a Joey O de la responsabilidad del contrato fallido que había firmado con Majuri, y ambos mantuvieron una buena relación. Aunque Joey O era el chófer de confianza de Vinny y los dos eran amigos, enfureció a Vinny con su irresponsabilidad, acumulando de alguna manera cerca de medio millón de dólares en deudas de juego. Otro punto de discordia entre los dos tipos era que Vinny sospechaba que Masella se estaba acercando demasiado a la familia Bruno-Scarfo.

Aparte de los pequeños problemas que Vinny tenía con Masella, éste era el compañero perfecto para Ralphie Guarino, un sabelotodo con deudas. A los dos cabezas huecas se les iba la cabeza, y Vinny sabía que podría controlar a los dos tipos para mantenerlos a raya. Lo que Vinny no sabía, sin embargo, era que Ralphie estaba conectado con la policía, y que al subir a Ralphie junto con Masella, Vinny Ocean estaba abriendo sin saberlo, las compuertas a un montón de información que acabaría llegando a manos de los federales.

Aparte del factor desconocido que se estaba gestando dentro de la banda de Vinny Ocean, con Ralphie empezando a distribuir teléfonos móviles intervenidos por el FBI entre varios miembros, había otro problema que tenían entre manos: el nuevo compañero de Ralphie, Joey O, acababa de ser derribado. Creyendo que un corredor de apuestas le había llamado para ir a un campo de golf de Brooklyn a cobrar una deuda que tenía con Masella, en lugar de cobrar, fue liquidado por Anthony Greco, socio de DeCavalcante, otro tipo con deudas de juego.

Con Joey O fuera de juego, la rata Ralphie Guarino pudo ascender. Ahora con más poder dentro de la banda y libre del ojo vigilante de Masella, era sólo cuestión de tiempo que los muros empezaran a derrumbarse alrededor de Vinny Ocean y su banda.

En 1999, Vinny Ocean se encontraba en una situación difícil. Se enfrentaba a cargos de asesinato y otros delitos. Ante la posibilidad de pasar la vida entre rejas, decidió convertirse en soplón, convirtiéndose en testigo del gobierno y declarando sobre una amplia gama de delitos cometidos por otros miembros de la familia DeCavalcante a cambio de que se le concediera acceso al Programa Federal de Protección de Testigos.

Vinny admitió haber matado a Fred Weiss en 1989, así como el asesinato en 1991 de Louis LaRasso, "Fat Lou", el antiguo mafioso de DeCavalcante que asistió a la reunión de Apalachin con Nicky Delmore y Frank Majuri allá por 1957. Además, confesó haber participado en la planificación de los golpes al capo gay de DeCavalcante John D'Amato y más recientemente, a su propio chófer y viejo amigo Joseph Masella, "Joey O". Por si fuera poco, Vinny admitió haber conspirado para asesinar a Charles Majuri, "Orejas Grandes", al soldado de DeCavalcante Frank D'Amato y al ex mánager de *Wiggles,* Tom Selvata.

Por todas sus confesiones e información que conduciría a la presentación de cargos contra un montón de otros tipos de DeCavalcante, Vinny y su familia fueron admitidos en el Programa Federal de Protección de Testigos y trasladados a Houston, Texas. Aunque el programa está diseñado para proteger a los testigos del gobierno de las represalias de los delincuentes a los que implican, en el caso de Vinny Ocean y otros antiguos miembros y socios de DeCavalcante, el programa de protección de testigos no siempre funciona como se pretende.

Vinny y otros miembros del programa ya han sido descubiertos, lo que los hace fácilmente localizables y por lo tanto, vulnerables a antiguos socios que buscan llevar a cabo un golpe de venganza.

Protección de testigos

Si bien estar en el programa tiene sus beneficios para las ratas informantes, aún pueden enfrentarse a muchos retos a la hora de conciliar sus nuevas identidades y reasentar a sus familias.

Anthony Capo, el sicario que apretó el gatillo que acabó con la vida del capo gay de DeCavalcante, John D'Amato, fue uno de los que aprovechó al máximo la oferta del gobierno de convertirse en testigo participante y entrar en "el programa".

Si bien la protección de testigos promete dar a los participantes la oportunidad de empezar una nueva vida con identidades nuevas y asumidas, hay muchas cosas de las que no puede protegerlos, como viejas hostilidades y rencores guardados en casa. Incluso cuando las amenazas no son directas, saber que todas las personas con las que has crecido, con las que has trabajado codo con codo durante años, quieren acabar contigo, puede ser perjudicial a nivel psicológico.

Cuando Capo cayó muerto a la edad de 52 años en 2012, los mafiosos observaron el ambiente de celebración que se extendió por los círculos *goombah* en Nueva Jersey y Nueva

York, una fuente dijo: "Había más gente celebrando esto en Staten Island que la victoria de los Giants" (Schram, 2012, párr. 3). "Una vez rata, siempre rata" es más o menos como funcionan las cosas dentro de los círculos del crimen organizado, y la temprana muerte de Capo no fue una excepción. Mientras que Capo consiguió mantener en secreto su supuesta identidad mientras estuvo en el programa, otros chicos de DeCavalcante no han tenido tanta suerte.

Vinny Ocean, debido a su alto perfil y al gran número de tipos a los que delató como testigo del gobierno, ha tenido dificultades para mantener su nueva identidad en secreto. Vinny, que siempre ha sido de los que dan espectáculo - incluso bajo la tapadera del programa-, se ha descubierto y ha vuelto a sus antiguos negocios y a sus viejas costumbres.

Dirigiendo un club de striptease en Houston, Texas, operando su negocio desde una mansión cerrada, a pesar de haber traicionado a su familia, poco ha cambiado para el antiguo delincuente de Nueva Jersey. Vinny Ocean, que vivía bajo el seudónimo de James Cabella, fue descubierto por el *New York Daily News* en 2009, al saber que la policía local había estado vigilando el club de striptease que regentaba en Houston y sospechaba que era una fuente de drogas y prostitución en la zona.

Cuando la nueva identidad de Vinny Ocean salió a la luz, así como los detalles de su nuevo negocio, tenía mucho de lo que preocuparse además de ser un objetivo potencial. Había muchos DeCavalcante en su antigua tierra que lo querían muerto, pero la atención de los medios de comunicación sobre su nuevo negocio en Texas como fuente de actividad criminal en la zona, era otro problema con el que tenía que lidiar. Optando por vender su mansión, y presumiblemente separarse de la ciudad, Vinny Ocean Palermo, ahora conocido como James Cabella, se declaró en bancarrota en 2013. Su paradero exacto hoy en día no está confirmado.

Otros libros, blogs y sitios web que contienen escritos sobre la familia criminal DeCavalcante y sus conexiones con *Los Soprano* han trazado paralelismos entre el jefe de los DeCavalcante en la vida real, Vinny Ocean, y el personaje de ficción Tony Soprano. Citando el hecho de que ambos vivían en mansiones suburbanas y eran propietarios de clubes de striptease (aunque los verdaderos fans de *Los Soprano* saben que Silvio, y no Tony, era el propietario real del *Bada Bing*), muchos han sugerido que Vinny Ocean fue la inspiración para Tony Soprano.

Aquí, en *Mafia Library*, no vamos a establecer esa conexión, y he aquí la razón: mientras que el mafioso de la vida real Vinny Ocean es un ejemplo de la codicia innata que define a algunos criminales que operan dentro del mundo del crimen organizado, los verdaderos fans de *Los Soprano* reconocen que Tony Soprano, lejos de ser un individuo motivado por la codicia, es un personaje complejo cuyas motivaciones, por vacilantes que puedan ser, nunca están arraigadas en la búsqueda ciega de dinero o estatus. Además, el hecho de que Tony pudiera convertirse en una rata, simplemente no encaja con lo que entendemos como sus principales rasgos de carácter y motivaciones. Mientras que Vinny Ocean se apresuró a dar la espalda a la familia DeCavalcante, podemos conjeturar que Tony nunca haría lo mismo contra los DiMeo.

Cuando se le ha preguntado por cualquier conexión entre la familia DeCavalcante y *Los Soprano*, su creador, David Chase, ha alegado ignorancia muchas veces, sugiriendo que cualquier parecido con la realidad es mera coincidencia y soltando repetidamente la anécdota de que la casa de su madre estaba en el mismo barrio que la del mafioso genovés Richard Boiardo, "Richie The Boot".

Si Chase sabe más de lo que alude es cosa suya, pues ya hemos expuesto aquí cualquier conexión tal y como la vemos. Lo que es seguro es que a finales de la década de 1990, la familia DeCavalcante se vio sometida a un creciente escrutinio por parte de las fuerzas del orden al mismo tiempo que empezaba a emitirse *Los Soprano* por HBO, lo que dio lugar a una interesante confluencia entre los mundos del crimen en la vida real y la cultura pop del entretenimiento.

Capítulo 9:
Los verdaderos Soprano

En la cúspide del milenio, a finales de la década de 1990, la ciudad de Nueva York se encontraba en un punto de inflexión. Mientras el alcalde, Rudy Giuliani, impulsaba la "limpieza" y la "Disneyficación" de las calles neoyorquinas, en Nueva Jersey, la situación seguía siendo, en muchos aspectos, la misma de siempre. Pero con el tiempo empezaron a soplar vientos de cambio, aunque todavía mezclados con los olores putrefactos que llegaban a Jersey a través del puente Goethals desde el vertedero Fresh Kills de Staten Island.

Ese vertedero del oeste de Staten Island se convertiría en el escenario de la investigación forense de los restos del derrumbe de las Torres Gemelas del World Trade Center. Después de que los terroristas estrellaron 2 Boeing 767 contra las torres el 11 de septiembre de 2001, la zona cambió para siempre, dejando una profunda grieta en el bajo Manhattan y en toda la zona de Nueva York, tanto física como psicológicamente.

Cuando Ralphie Guarino llevó a cabo su atraco al World Trade Center, la ciudad estaba luchando contra los efectos persistentes de la epidemia de crack y los elevados índices de delincuencia que trajo consigo, pero también disfrutaba de una época de prosperidad nunca antes vista. Cuando el auge de los puntocom obligó a Wall Street a acumular lo que se convirtió en un asombroso aumento del 400% en el índice NASDAQ entre 1995 y 2000 ("Dot-com Bubble", 2023), parecía que no había límite para lo lejos que podían llegar los mercados financieros y la propia ciudad.

Cuando Giuliani llegó a la alcaldía en 1994, prometió limpiar las calles y devolver la sensación de seguridad a la ciudad, y en muchos aspectos cumplió su promesa. Pero siempre se le recordará por sus redadas de indigentes y su apoyo incondicional a la policía de "ventanas rotas" e incluso por su respaldo a la brutalidad policial.

Gracias a este apoyo a la represión violenta, esta época también se definió por el descontento social y político, así como por los esfuerzos por limpiar las calles. Las protestas estallaron en respuesta a la muerte injustificada de Amadou Diallo, a manos de la policía de Nueva York, y las tensiones entre la policía y las comunidades de color estaban en ebullición. Las calles se llenaron de ira y frustración y la gente marchó y se concentró para exigir justicia y responsabilidad a las fuerzas del orden.

Mientras las comisarías de policía locales se centraban en resolver los problemas de calidad de vida que afectaban a muchos de los aburguesados blancos que empezaban a instalarse en zonas "duras" de Manhattan y los barrios periféricos, los federales trabajaban en sus propias campañas de limpieza, intentando desestabilizar las organizaciones mafiosas locales de la LCN, incluida por supuesto, la familia DeCavalcante.

En medio de todo esto, se estrenó la serie de televisión *Los Soprano*, que se convirtió en un éxito instantáneo y en un fenómeno cultural. La serie estaba ambientada en Nueva Jersey y se basaba libremente en las actividades reales de las mismas familias criminales locales a las que perseguían los federales. A medida que la serie ganaba popularidad, las fronteras entre la televisión y la realidad empezaron a difuminarse, y tanto el público como los mafiosos se convirtieron en fans.

Como se sabría más tarde en un testimonio judicial, los mafiosos de la vida real eran muy conscientes de los personajes retratados como ellos en la cultura popular, en gran parte impulsados por la popularidad de *Los Soprano*. Reflejando rasgos y referencias culturales de una forma diferente a las anteriores representaciones de la vida de la mafia, *Los Soprano* representaron una nueva forma de cultura popular y entretenimiento mafioso.

Que David Chase se inspirara o no en familias mafiosas de la vida real no es esencial para el éxito de la serie. Lo que diferenció a *Los Soprano* de otras películas y series de televisión relacionadas con la mafia que la precedieron, fue que ahondaba en la vida doméstica y las realidades interiores a las que se enfrentaban los mafiosos de una forma novedosa y moderna. No todo giraba en torno a "esa vida": se trataba de las vidas privadas, las motivaciones, los sueños y la psicología de ser un hombre hecho y derecho en una familia mafiosa. Por eso *Los Soprano* sigue siendo una de las series favoritas de los fans, y por eso las historias reales de familias mafiosas como la de los DeCavalcante sólo pueden contarse de una forma más concisa y moderna, centrada en las personalidades que hay detrás de las historias.

Conclusión

Mientras que algunos libros sobre la Mafia se leen como un fichero revuelto de apodos y un confuso recuento de narraciones de "quién mató a quién" que dejan a los lectores rascándose la cabeza -o, peor aún, les llevan a dejar el libro de lado-, aquí, en *Mafia Library*, nos hemos comprometido a ofrecerte a ti, el lector, las mejores y más organizadas historias de familias mafiosas de la vida real. Si te ha gustado este libro, no olvides dejar una valoración positiva, y si no te ha gustado, bueno... digamos que tenemos amigos que tienen otros amigos, y eh, van a pasar por ti para llevarte a dar un paseo...

Referencias

Amoruso, D. (2015, 21 de agosto). Perfil del capo de la familia criminal DeCavalcante Charles Stango. Gangsters Inc. https://gangstersinc.org/profiles/blogs/profile-of-decavalcante-crime-family-capo-charles-stango

Anastasia, G. (2010, 6 de julio). Vivir mucho y tener pocos ingresos, claves en el caso de la mafia de Perna. TMCnet. https://www.tmcnet.com//usubmit/2010/07/06/4885460.htm (Reeditado de The Philadelphia Inquirer)

Anthony Capo. (2022, 5 de septiembre). En Wikipedia. https://en.wikipedia.org/w/index.php?title=Anthony_Capo&oldid=1108593767

Anthony Rotondo. (2021, 16 de septiembre). En Wikipedia. https://en.wikipedia.org/w/index.php?title=Anthony_Rotondo&oldid=1044712717

Reunión de Apalachin. (2023, 11 de enero). En Wikipedia. https://en.wikipedia.org/w/index.php?title=Apalachin_meeting&oldid=1132954702

ARIIA2020. (2021, 24 de noviembre). Charles "Big Ears" Majuri es hijo del antiguo consigliere Frank Majuri. A la muerte de Giacomo Amari, John Riggi nombró a Majuri [Mensaje en el foro en línea]. Reddit. https://www.reddit.com/r/CosaNostra/comments/r1nzqw/charles_big_ears_majuri_is_the_son_of_former/

Associated Press. (2007, 10 de septiembre). Rudy's love/hate relationship with the mob. CBS News. https://www.cbsnews.com/news/rudys-love-hate-relationship-with-the-mob/

Associated Press. (2015, 12 de marzo). El FBI anuncia 10 arrestos de la mafia de Nueva Jersey. Courier-Post.

http://www.courierpostonline.com/story/news/crime/2015/03/12/fbi-announces-new-jersey-mafia-arrests/70211880/

The Blade [Toledo, Ohio]. (1960, 29 de noviembre). 20 condenas en Apalachin declaradas nulas en apelación. A1.

Brean, H. (2008, 2 de noviembre). Se retiran los cargos, pero el sospechoso de un atropello no puede obtener la tarjeta de trabajo. Las Vegas Review-Journal. https://www.reviewjournal.com/news/charges-dropped-but-ex-mob-hit-suspect-cant-get-work-card/

bryson3. (s.f.). Las guerras de la mafia de Filadelfia. Timetoast Timelines. Obtenido el 4 de febrero de 2023, del sitio Web: https://www.timetoast.com/timelines/mob-war-1980-s-2000-s.

Burns, F. A. (1991, 8 de marzo). Prosecutors: Scarfo dirigía la mafia desde la celda de una prisión federal. UPI. https://www.upi.com/Archives/1991/03/08/Prosecutors-Scarfo-running-mob-from-federal-prison-cell/5769668408400/

Llaman a Trenton a 2 presuntos capos de la mafia. (1967, 7 de diciembre). The Paterson News, 53.

Capeci, J. (2005). The complete idiot's guide to the Mafia (p. 366). Alpha Books.

Cascio, J. (2022, 16 de septiembre). Stefano Badami (1888-1955). WikiTree. Obtenido el 4 de febrero de 2023, del sitio Web: https://www.wikitree.com/wiki/Badami-183.

Castronovo Fusco, M. A. (1999, 10 de octubre). City life; How a church brings life to Newark's Little Italy. The New York Times. https://www.nytimes.com/1999/10/10/nyregion/city-life-how-a-church-brings-life-to-newark-s-little-italy.html

Comisión de Investigación. (2004). El rostro cambiante del crimen organizado en Nueva Jersey: A status report. Estado de Nueva Jersey. https://www.state.nj.us/sci/pdf/ocreport.pdf

Consejo editorial del Daily News. (2022, 12 de diciembre). Mantener a la mafia fuera de los muelles: El Tribunal Supremo de EE.UU. debe impedir que Nueva Jersey mate al guardián de los muelles.

New York Daily News.
https://www.nydailynews.com/opinion/ny-edit-waterfront-commission-organized-crime-20221212-yxxk45rnyrgdxkcp3z4eozvy54-story.html

Daly, M. (2017, 11 de julio). El verdadero Tony Soprano de Jersey: Conoce a la familia criminal DeCavalcante. The Daily Beast. https://www.thedailybeast.com/jerseys-true-life-tony-soprano-meet-the-decavalcante-crime-family

Familia criminal DeCavalcante. (2022, 26 de diciembre). En Wikipedia. https://en.wikipedia.org/w/index.php?title=DeCavalcante_crime_family&oldid=1129651952

Familia DeCavalcante. (2022, 23 de noviembre). Button Guys: The New York Mafia. https://thenewyorkmafia.com/decavalcante-family/

Ceremonias de reinducción de la familia DeCavalcante (1988). (2018, 26 de enero). LCN Bios. https://lcnbios.blogspot.com/2018/01/decavalcante-family-re-induction.html

Deseret News. (1990, 20 de diciembre). EE UU dice que la mafia controla el sindicato de trabajadores de casinos. https://www.deseret.com/1990/12/20/18897069/u-s-says-mob-controls-casino-workers-union

Dickson, M. (2018, 10 de septiembre). La familia DeCavalcante. Historia de la mafia estadounidense. https://americanmafiahistory.com/decavalcante-family/

Burbuja de las puntocom. (2023, 30 de enero). En Wikipedia. https://en.wikipedia.org/w/index.php?title=Dot-com_bubble&oldid=1136434848

Epstein, S. (2010, 4 de agosto). Un reputado jefe de una familia mafiosa y un hombre de Nueva Jersey son acusados de extorsión. NJ.com. https://www.nj.com/news/2010/08/head_of_mob_crime_family_nj_ma.html

Farrell, B., & Capeci, J. (1988, 6 de enero). Hit, informer linked: Los federales creen que la víctima dejó entrar a un soplón en la mafia. New York Daily News, 14.

https://nydailynews.newspapers.com/clip/85708455/vincent-rotondo-hit-decavalcante/

The FBI Files. (2021, 16 de octubre). The great Philly mob war | EPISODIO COMPLETO [Vídeo]. YouTube. https://www.youtube.com/watch?v=ZcCyu47auWM

Los federales detienen a 120 por fraude. (2000, 14 de junio). CNN. https://money.cnn.com/2000/06/14/companies/fraud/

Ford, A. (2019, 29 de septiembre). Mob NJ: La mafia sigue aquí, ligada a Port Newark y los suburbios. Asbury Park Press. https://www.app.com/story/news/investigations/2019/03/28/nj-mob-the-mafia-is-still-here-port-newark-suburbs/3268727002/

Francesco Guarraci. (2021, 17 de febrero). En Wikipedia. https://en.wikipedia.org/w/index.php?title=Francesco_Guarraci&oldid=1007258050

Gangsters Inc. (2010, 10 de noviembre). Mafioso tránsfuga de nuevo implicado en negocios sucios. https://gangstersinc.org/profiles/blogs/turncoat-mobster-once-again

Gangsters Inc. (2011, 7 de noviembre). Nicky Scarfo Junior siguiendo los pasos de papá. https://gangstersinc.org/profiles/blogs/nicky-scarfo-junior-following-in-daddy-s-footsteps

Gangsters: The Documentaries. (2021, 27 de septiembre). Los verdaderos Soprano: La familia del crimen DeCavalcante (una historia) [Vídeo]. YouTube. https://www.youtube.com/watch?v=POugXFJyA_U&t=12s

Garrett T. (2009, 26 de marzo). The DeCavalcante crime family [Mensaje en el foro en línea]. Organized Crime Rpg. https://organizedcrimerpg.board-directory.net/t20-the-decavalante-crime-family

Grutzner, C. (1970, 24 de enero). Mafia obtained secret U.S. data. The New York Times. https://www.nytimes.com/1970/01/24/archives/mafia-obtained-secret-us-data-tapes-show-they-knew-of-fbi-charts-on.html

Hamilton, B. (2021, 17 de julio). Derribar "Los Soprano" para el FBI destruyó mi vida. New York Post. https://nypost.com/2021/07/17/bringing-down-the-sopranos-for-the-fbi-destroyed-my-life/

Heneage, B. (2002, 23 de marzo). Sam Monaco. Find a Grave. Extraído el 4 de febrero de 2023, de https://www.findagrave.com/memorial/6284744/sam-monaco

Holguin, J. (2003, 1 de mayo). Mob boss 'hit' over gay encounters. CBS News. https://www.cbsnews.com/news/mob-boss-hit-over-gay-encounters/

Horowitz, B. (2016, 7 de enero). 3 miembros de la familia criminal Lucchese condenados en un caso de apuestas. NJ.com. https://www.nj.com/morris/2016/01/3_lucchese_crime_family_members_sentenced_in_massi.html

Hunt, T.P. (s.f.-a). Presencia del crimen organizado en Pensilvania, 1970. The American Mafia. https://mafiahistory.us/maf-pcc70.html

Hunt, T.P. (s.f.-b). Philadelphia mob leaders. The American Mafia. https://mafiahistory.us/maf-b-ph.html

icegoodbarbPresident. (2008, 28 de marzo). New Jersey Mafia comeback [Mensaje en el foro en línea]. StreetGangs.com. http://www.streetgangs.com/billboard/viewtopic.php?t=40416

A plena vista: La brutalidad de la mafia en las calles de Nueva York. (2022, 14 de diciembre). New York Daily News. https://www.nydailynews.com/new-york/nyc-crime/plain-sight-gallery-1.14260

Johnson, T. (2016, 26 de mayo). La mafia sigue siendo un problema en el sector de la gestión de residuos de Nueva Jersey. WHYY. https://whyy.org/articles/mob-still-a-problem-in-new-jerseys-waste-management-sector/

Joseph Miranda. (2022, 4 de marzo). En Wikipedia. https://en.wikipedia.org/w/index.php?title=Joseph_Miranda&oldid=1075127854

Katz, W. (2001). Sticking together, falling apart: "Los Soprano" y el orden moral estadounidense. New Labor Forum, 9, 91-99. https://www.jstor.org/stable/40342317

Kocieniewski, D. (1999, 17 de enero). Decadencia y caída de un imperio. The New York Times. https://www.nytimes.com/1999/01/17/nyregion/decline-and-fall-of-an-empire.html

Larsen, E. (2021, 9 de abril). Reputed mob associate from Toms River sentenced to 15 months in federal prison. Asbury Park Press. https://www.app.com/story/news/local/courts/2021/04/09/reputed-mob-associate-toms-river-sentenced-15-months-federal-prison/7163859002/

Lee, J. C. (2016, 12 de octubre). De Sabella a Merlino: Cinco jefes de la mafia de Filadelfia que impactaron en Pensilvania y Nueva Jersey. PennLive. https://www.pennlive.com/life/2016/10/philadelphia_mob_boss_crime.html

Lehmann, J. (2002, 21 de junio). La redada de los federales arranca la portada del "golpe" del 89. New York Post. https://nypost.com/2002/06/21/feds-bust-rips-cover-off-89-hit/

Lehmann, J. (2003a, 8 de mayo). El mafioso de Jersey favorito de "La Familia": Basaron "Los Soprano" en nosotros. New York Post. https://nypost.com/2003/05/08/family-favorite-jersey-mobster-they-based-the-sopranos-on-us/

Lehmann, J. (2003b, 16 de mayo). A la caza de la "Bestia". New York Post. https://nypost.com/2003/05/16/hunting-for-the-beast/

Lehmann, J. (2003c, 1 de mayo). Mobster sleeps with the swishes. New York Post. https://nypost.com/2003/05/01/mobster-sleeps-with-the-swishes/

Little, B. (2022, 9 de febrero). ¿Cómo es realmente el programa federal de protección de testigos? A&E. https://www.aetv.com/real-crime/whats-it-really-like-in-witness-protection

Maggio, J. (Productor ejecutivo, productor/director y guionista). (2015, 7 de febrero). La Famiglia (Episodio 1) [episodio de docuserie para televisión]. En The Italian Americans. PBS.

Martin, M. (2000, 15 de junio). 120 acusados, con la promesa de que habrá más: U.S. busts stock scam with ties to the mob. The New York Times. https://www.nytimes.com/2000/06/15/news/120-charged-with-promise-of-more-to-come-us-busts-stock-scam-with-ties.html

Milner, B. (2000, 15 de junio). Miembros de la mafia detenidos en una redada contra el fraude bursátil. The Globe and Mail. https://www.theglobeandmail.com/report-on-business/mob-members-arrested-in-securities-fraud-sweep/article18423672/

Museo de la Mafia. (2019, 29 de mayo). Rudolph Giuliani. https://themobmuseum.org/notable_names/rudolph-giuliani/

La mafia fue el perro guardián de la ciudad durante la limpieza de Giuliani. (s.f.) En Encyclopedia.com. Extraído el 20 de enero de 2023, de https://www.encyclopedia.com/law/educational-magazines/mob-was-citys-watchdog-during-giuliani-cleanup.

Comisión del Patrimonio Italiano e italoamericano de Nueva Jersey. (2010). Inmigración italiana a Nueva Jersey, 1890. https://www.njitalianheritage.org/wp-content/uploads/2015/12/Italian-Immigration-to-New-Jersey-1890.pdf

The New York Times. (1971, 16 de marzo). Cinco años de prisión para DeCavalcante. https://www.nytimes.com/1971/03/16/archives/five-years-given-to-decavalcante-bid-to-change-gaming-plea-to-not.html

Orígenes de la fiesta de San Rocco. (2008). Around About Peterstown, (59), 1. https://www.rennamedia.com/wp-content/uploads/2016/11/aapaug08.pdf

La familia del crimen de Filadelfia. (2023, 20 de enero). En Wikipedia. https://en.wikipedia.org/w/index.php?title=Philadelphia_crime_family&oldid=1134736817

Philip Abramo. (2022, 25 de diciembre). En Wikipedia. https://en.wikipedia.org/w/index.php?title=Philip_Abramo&oldid=1129490842

Pillets, J. (2017, 22 de marzo). SCI: Illegal dirt dumpers posing as recyclers. northjersey.com.

https://www.northjersey.com/story/news/watchdog/2017/03/
22/sci-illegal-dirt-dumpers-posing-recyclers/99498420/

The Press of Atlantic City. (2015, 25 de septiembre). Friday, March 8,
1991 - Scarfo 37 others indicted / state alleges racketeering.
https://pressofatlanticcity.com/friday-march-8-1991---scarfo-
37-others-indicted-state-alleges-racketeering/article_f0f3447c-
5f83-11df-802d-001cc4c03286.html

Bomba y vertedero. (2021, 7 de julio). En The Sopranos Wiki.
https://sopranos.fandom.com/wiki/Pump_and_dump?oldid=1
5360

Rashbaum, W. K. (1988, 5 de enero). Los federales investigaban al
organizador sindical asesinado. UPI.
https://www.upi.com/Archives/1988/01/05/Feds-were-
investigating-slain-union-organizer/7660568357200/

El Ribera Club celebra su 85 aniversario con la gran inauguración de su
centro cultural. (2008). Around About Peterstown, (59), 20.
https://www.rennamedia.com/wp-
content/uploads/2016/11/aapaug08.pdf

Roberts, S. (2015, 13 de agosto). John Riggi, que lideró familia criminal
de Nueva Jersey, muere a los 90 años. The New York Times.
https://www.nytimes.com/2015/08/12/nyregion/john-riggi-
former-head-of-decavalcante-crime-family-dies-at-90.html

Rocco, G., & Schofield, D. (2021). Giovanni's Ring. Chicago Review
Press.

Tripulación de Rotondo (1977-2001). (2018, 27 de enero). LCN Bios.
https://lcnbios.blogspot.com/2018/01/rotondo-crew-1977-
2001.html

Santolo, D. (2016, 7 de enero). Mafiosos de la familia criminal Lucchese
condenados en una operación de apuestas masivas. About the
Mafia. https://aboutthemafia.com/lucchese-crime-family-
mobsters-sentenced-in-massive-gambling-operation/

Scarpo, E. (2014, 5 de noviembre). DeCavalcante redux: NJ family a
force to be reckoned with. Cosa Nostra News.
https://www.cosanostranews.com/2014/11/decavalcante-
redux-nj-family-force-to.html

Scarpo, E. (2016, 24 de agosto). Los Soprano ¿basados en qué familia criminal? No en los DeCavalcantes... Cosa Nostra News. https://www.cosanostranews.com/2016/08/sopranos-based-on-which-crime-family.html

Schram, J. (2012, 25 de enero). Mob rat squeals no more. New York Post. https://nypost.com/2012/01/25/mob-rat-squeals-no-more/

Sheehy, K. (2020, 30 de junio). Alleged mobster in Dina Manzo case is real NJ "family" guy, feds say. Page Six. https://pagesix.com/2020/06/30/alleged-mobster-in-dina-manzo-case-is-real-nj-family-guy-feds/

Silver, C. (2022, 3 de septiembre). Cómo el jefe del crimen más poderoso del país fingió locura durante décadas para evitar la cárcel. Todo lo que es interesante. https://allthatsinteresting.com/vincent-gigante

Smith, G. B. (2003). Made Men. Penguin.

South, T. (2016, 7 de diciembre). Mob captain for gang that inspired "The Sopranos" admits to murder plot. northjersey.com. https://www.northjersey.com/story/news/crime/2016/12/07/mob-captain-gang-inspired-sopranos-admits-murder-plot/95101678/

St. James, E. (2011, 13 de abril). Los Soprano: "Christopher". The A.V. Club. https://www.avclub.com/the-sopranos-christopher-1798167916

Staff. (2003, 16 de noviembre). Estructura de poder de DeCavalcante [Infografía]. Asbury Park Press, A4.

Consejo editorial del Star-Ledger. (2019, 7 de julio). El proyecto de ley anti-Sopranos impedirá que la mafia vierta desechos tóxicos por toda Nueva Jersey. NJ.com. https://www.nj.com/opinion/2019/07/anti-sopranos-bill-will-stop-the-mob-from-dumping-toxic-debris-all-over-new-jersey-editorial.html

Stonefelt, E. (2021, 20 de octubre). Philadelphia's own Florida man. Mafia Bloodlines: A Society Unto Themselves. https://mafia.substack.com/p/philadelphias-own-florida-man

Tarrazi, A. (2017, 4 de abril). 2 miembros de la familia criminal DeCavalcante del condado de Union admiten vender cocaína. Patch. https://patch.com/new-jersey/westfield/2-union-county-decavalcante-crime-family-members-admit-selling-cocaine

thisblogofours. (2013, 2 de enero). Fotos de vigilancia de los DeCavalcante: Parte 2: Vinny Ocean y Big Ears Majuri [Post]. Tumblr. Recuperado el 4 de febrero de 2023, de https://www.tumblr.com/thisblogofours/39528272175/decavalcante-surveillance-photos-part-2-vinny

Troncone, T. (2006, 23 de junio). N.J. Mafia family gets new boss. The Chicago Syndicate. https://www.thechicagosyndicate.com/2006/06/nj-mafia-family-gets-new-boss.html?m=0

Oficina del Fiscal General de Estados Unidos. (2010, 18 de febrero). Tres hombres de Nueva Jersey acusados de conspirar para extorsionar al gerente de una pizzería mediante amenazas de violencia. Oficina Federal de Investigación. Distrito de Nueva Jersey. https://archives.fbi.gov/archives/newark/press-releases/2010/nk021810b.htm

Fiscalía General de los Estados Unidos. (2015, 18 de agosto). Detenidos diez miembros y asociados de la familia del crimen organizado Decavalcante. Departamento de Justicia de los Estados Unidos. Distrito de Nueva Jersey. https://www.justice.gov/usao-nj/pr/ten-members-and-associates-decavalcante-organized-crime-family-arrested

Fiscalía de los Estados Unidos. (2016, 30 de marzo). Condenas de varios años de prisión para dos hombres de Nueva Jersey que [extorsionaban] miles de dólares del proyecto del condado de Hudson. Departamento de Justicia de los Estados Unidos. Distrito de Nueva Jersey. https://www.justice.gov/usao-nj/pr/multi-year-prison-sentences-two-new-jersey-men-who-extorting-thousands-dollars-hudson

Oficina de Impresión del Gobierno de los Estados Unidos. (2000, 3 de septiembre). Organized crime on Wall Street (House Hearing, 106 Congress). https://www.govinfo.gov/content/pkg/CHRG-106hhrg67115/html/CHRG-106hhrg67115.htm

Estados Unidos de América contra Stango (D.N.J. 2015). https://www.scribd.com/document/258592547/DOJ-Criminal-Complaint-DeCavalcante-Family#

Vacari, G. (2021, 11 de julio). Situación de la familia de Nueva Jersey [Mensaje en el foro en línea]. GangsterBB. http://www.gangsterbb.net/threads/ubbthreads.php?ubb=showthreaded&Number=1015830

Vassar, S. (2021, 11 de octubre). Revisiting The Sopranos' Columbus Day episode. Film School Rejects. https://filmschoolrejects.com/sopranos-columbus-day-episode/

Vincent Palermo. (2022, 25 de diciembre). En Wikipedia. https://en.wikipedia.org/w/index.php?title=Vincent_Palermo&oldid=1129491102

Vincent "Vinny Ocean" Palermo - El verdadero Tony Soprano. (2023, 21 de enero). Gangsterism Out. https://www.gangsterismout.com/2016/09/vincent-vinny-ocean-palermo-real-tony.html

Vito Spatafore. (2023, 6 de enero). En la Wiki de Los Soprano. https://sopranos.fandom.com/wiki/Vito_Spatafore?oldid=23700

Walsh, J. (2020, 23 de noviembre). Feds: Philly-South Jersey Mafia targeted 'criminal rackets' in Atlantic City. Courier Post. https://www.courierpostonline.com/story/news/2020/11/23/mafia-la-cosa-nostra-philadelphia-south-jersey-atlantic-city/6392019002/

¿Dónde está Johnny? (2022, 9 de diciembre). En la Wiki de Los Soprano. https://sopranos.fandom.com/wiki/Where%27s_Johnny%3F?oldid=22629

¿Hubiera sido mejor idea una película sobre la turbulenta fundación de la familia criminal DiMeo/Soprano? [Mensaje en un foro en línea]. (2019, 17 de noviembre). Reddit. https://www.reddit.com/r/thesopranos/comments/dxizhq/would_a_film_about_the_turbulent_founding_of_the/

Zambito, T. (2015, 14 de marzo). Las escuchas, la cárcel y la muerte pasan factura a la familia mafiosa que inspiró "Los Soprano", según expertos. NJ.com. https://www.nj.com/news/2015/03/wiretaps_prison_death_take_toll_on_mob_family_that.html

Milton Keynes UK
Ingram Content Group UK Ltd.
UKHW021000240124
436589UK00005B/108